HEINZ JANISCH

Hier bin ich glücklich!

Geschichten von Lieblingsplätzen

Illustriert von Mathias Weber

LAPPAN

Für Lilli, die gern auf dem Apfelbaum sitzt (H. J.)

Für meine Mutter (M. W.)

Vorwort

Eine Landkarte der Lieblingsplätze

"Wo fühlst du dich wohl?"
"Wo bist du gerne?"
"Was sind deine Lieblingsplätze?"
Solche Fragen habe ich einmal einer Gruppe
von Kindern gestellt und die Antworten
darauf haben mich nicht überrascht.
Viele der genannten Plätze würde ich auch
auf eine Liste der "glücklichen Orte" setzen:
Das eigene Zimmer, das Bett, die Küche,
die Badewanne, die Hängematte im Garten,
der Fußballplatz, die Pizzeria, das Kino, das Haus der Großeltern –
es gibt viele besondere Orte, an denen man sich gut aufgehoben fühlt.
Ja, ich glaube, es gibt so etwas wie eine Geographie des Glücks. Manche
Orte helfen einem beim Sich-Wohlfühlen.
Wir haben dann gemeinsam eine "Landkarte der Lieblingsplätze"
gezeichnet. Auf einem Bogen Papier hat jeder seine liebsten Orte
eingezeichnet und erzählt, warum genau dieser Ort so wichtig ist für
sie oder ihn.
Welche Orte wären auf deiner Landkarte zu entdecken? Hast du auch
bestimmte Lieblingsplätze, die ihre eigene Geschichte erzählen?
Ich möchte in diesem Buch – in Geschichten und Gedichten – von
Orten berichten, die eine ganz eigene Magie ausstrahlen. Sie vermitteln
manchmal das Gefühl der Geborgenheit, so wie zum Beispiel auf dem
weichen Sofa im Bücherzimmer oder im Schaukelstuhl des Großvaters.

Oder sie wecken das Fernweh und die Abenteuerlust, so wie auf dem Baumhaus oder in einem Zugabteil …

Es kann auch vorkommen, dass man sich zunächst an einem Ort fremd fühlt – man ist zum Beispiel in einem anderen Land, bei unbekannten Leuten. Erst allmählich entsteht eine Nähe und Vertrautheit, die dazu führt, dass man auch in dieser Fremde ein Gefühl von Zu-Hause-Sein spürt. Für manche Orte braucht man Zeit. Und Geduld.

Ich habe bemerkt: Es ist manchmal gar nicht so wichtig, wo man ist. Viel wichtiger ist, mit wem man zusammen ist.

In meinem Gedicht „Zu Haus" ist zu lesen: „Sagen wir Jetzt und Hier! Zu Haus bin ich immer bei dir!"

Ich wünsche euch, dass ihr viele Lieblingsplätze habt, an denen ihr euch so richtig wohlfühlt – und dass ihr Freunde habt, mit denen ihr das Glück an diesen Orten teilen könnt …

Vielleicht habt ihr ja Lust, eure eigene Landkarte der glücklichen Orte zu zeichnen – und Geschichten dazu zu erzählen. So wie ich es in diesem Buch versuche!

Ich sitze übrigens jetzt gerade an einem Ort, der mich auch sehr oft glücklich macht – an meinem Schreibtisch in meinem Arbeitszimmer. Das ist ein Ort, der für mich besonders kostbar ist und an dem ich gut – Wort für Wort – über das Leben nachdenken kann.

Das Schreiben und das Geschichtenerzählen – das hat oft auch mit tiefen Glücksgefühlen zu tun. Ihr könnt es gern versuchen!

Ich wünsche euch viel Freude beim Selber-Schreiben und Erzählen – und beim Hören und Lesen der folgenden Geschichten und Gedichte!

Übrigens: Auch Bilder haben ihre eigene Sprache und lassen sich wunderbar lesen …

Heinz Janisch

BESONDERE ORTE

Besondere Orte
brauchen keine Worte.

Man kann auf dem Kletterbaum wohnen
und sich mit einem Ausblick belohnen.
Man kann in der Hängematte liegen
und auf der Schaukel himmelwärts fliegen.
Man kann auf Grashalmen pfeifen
und barfuß durch die Wiesen streifen.
Man kann im Wald die Kühle finden
und Spuren legen mit Birkenrinden.
Man kann im Teich sein Spiegelbild sehen
und bis zum Knie im kühlen Wasser stehen.
Man kann Libellen vorbeirattern hören
und Fische nicht beim Fischsein stören.
Man kann ein kleines Papierboot falten
und einen Drachen in den Sommerwind halten.

Man kann auch einfach nur so sein.
Der Sommer wird groß, alles andere wird klein.
Man sitzt, atmet und schaut,
sogar die Stille ist zu laut.
Man hat jetzt keine Eile.
Man begrüßt sogar die Langeweile.
Man denkt sich ein leises Meeresrauschen
und möchte mit niemandem tauschen.

Besondere Orte
brauchen keine Worte.

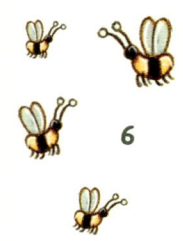

Zu Haus

Wär ich anderswo zu Haus,
wie sähe das wohl aus?

Sagen wir Schneckenhaus.
Käm' ich manchmal heraus?

Sagen wir Turm.
Hätt' ich Angst im Sturm?

Sagen wir Boot.
„Hilfe! Seenot!"

Sagen wir Vogelnest.
Da schliefe ich, tief und fest.

Sagen wir im Baumloch.
Du fändest mich doch!

Sagen wir Vogelkäfig.
Da bliebe ich nicht ewig ...

Sagen wir Riesenschloss.
Fühlte mich zwergengroß.

Sagen wir Höhle im Eis.
Wird's da niemals heiß?

Sagen wir Hütte im Wald.
Im Sommer warm. Im Winter kalt.

Sagen wir Bienenstock.
Gefällt dir mein gestreifter Rock?

Sagen wir einfach Bett.
Wunderbar weich. Warm und nett.

Sagen wir JETZT und HIER.
Zu Haus bin ich immer bei DIR!

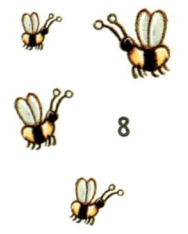

8

Ein Fest feiern

Ob groß oder klein,
eines sollte immer sein:
Zeit für die gute Zeit,
Zeit für Gemeinsamkeit.
Schaukeln. Reden. Lachen.
Solche Sachen.
Ob im Schloss, in der Hütte, im Nest:
Überall ist Platz für ein Fest!

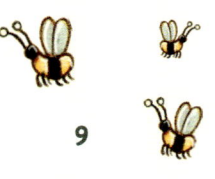

Wo ist die Sonne?

Selda hat Geburtstag und alle ihre Freunde feiern mit.

„Was sollen wir spielen?", fragt Selda.

Sven schaut auf die Stofftiere in ihrem Zimmer.

„Urwald!", sagt Sven. „Wir sind Tiere im Urwald!"

Er faucht wie ein Tiger.

Sarah dreht die leuchtende Erdkugel, die auf dem Schreibtisch steht.

„Lasst uns Welt spielen!", sagt Sarah.

Sie stellt sich mitten im Zimmer auf. Sie macht sich groß und schwer.

„Ich bin ein Gebirge", sagt Sarah.

Frido überlegt kurz. Dann streckt er die Arme weit in die Höhe.

„Ich bin ein Baum", sagt Frido.

Sven schaut den anderen zu.

„Schschsch", macht er laut.

„Ich bin ein Wasserfall!", sagt Sven.

Erik geht durchs Zimmer und bläst allen in den Nacken.

„Ich bin der Sturm", sagt Erik.

Maria nimmt ein blaues Tuch.

Sie setzt sich auf den Boden und schwingt das Tuch hin und her.

„Ich bin das Meer!", sagt Maria.

Manuel legt sich neben Maria auf den Boden.

„Ich bin das Gras", sagt Manuel.

Michaela setzt sich ihre gelbe Mütze auf.

„Ich bin eine Sonnenblume", sagt Michaela.

„Mir ist kalt", sagt Selda nach einer Weile. „Lasst uns enger zusammenrücken."

Sie bilden einen Kreis.

„Hm", sagt Selda. „Irgendetwas fehlt noch ... Wo ist die Sonne?"

Sie holt ihre Mutter.

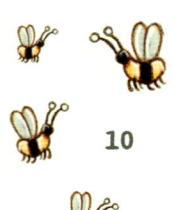

„Wir spielen Welt. Möchtest du die Sonne sein? Du musst um uns herum-
gehen und uns wärmen."
Und so stehen sie alle im Kreis und die Sonne geht um sie herum und
wärmt sie mit ihren Sonnenstrahlen.
Seldas Mutter streicht einigen leicht übers Haar, die anderen kitzelt sie an
der Nase.
„Danke, Sonne", sagt Selda. „Jetzt ist mir schon viel wärmer."
Sie spielen noch eine Weile weiter.
„Und jetzt lasst uns die Rollen tauschen!", sagt Sven. „Ich will auch die
Sonne sein!"

Die Schaukel

Auf meiner Schaukel in die Höh,
was kann es Schöneres geben!
So hoch, so weit: die ganze Chaussee
und alle Häuser schweben.
Weit über die Gärten hoch, juchhee,
ich lasse mich fliegen, fliegen;
und alles sieht man, Wald und See,
ganz anders stehn und liegen.
Hoch in die Höh! Wo ist mein Zeh?
Im Himmel! Ich glaube, ich falle!
Das tut so tief, so süß dann weh,
und die Bäume verbeugen sich alle.
Und immer wieder in die Höh,
und der Himmel kommt immer näher;
und immer süßer tut es weh,
der Himmel wird immer höher.

Richard Dehmel

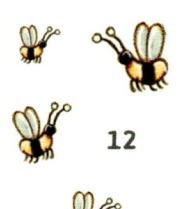

Achterbahn

Julia und ich fahren in den Himmel hinein.

Wir fahren ganz nach oben.

Die Großen sind auch dabei. Für alle Fälle.

Plötzlich kippen wir. Es geht tief nach unten.

Whow!

„So ist das Leben!", rufen die Großen.

Wir sausen hinab.

Mir bleibt fast das Herz stehen.

Julia nimmt meine Hand.

Jetzt ist alles leichter.

Auf einmal kommen wir ins Schleudern.

Links, rechts, links, rechts.

Julia kreischt.

Ich weiß nicht, ob aus Angst oder aus Freude.

Es geht wild hin und her.

Endlich stehen wir still.

Mein Herz klopft.

Mir ist heiß.

Julia hält noch immer meine Hand.

„Aussteigen!", rufen die Großen.

Ein paar Minuten später sitzen wir in der Geisterbahn.

Es ist finster und ich sage kein Wort.

Julia drückt sich eng an mich.

„Du musst den Gespenstern die Zunge zeigen",
flüstert Julia.

„Oder so laut schreien, dass sie sich fürchten!"

Wir schreien um die Wette.

„Gut so", sagen die Großen. „Manchmal kann man gar
nicht laut genug schreien!"

Wir sitzen in einem Gastgarten. Julia und ich trinken eine Limonade.
Gemeinsam, mit zwei Strohhalmen. Wenn wir beide trinken, berühren
sich unsere Nasenspitzen. Das ist noch aufregender als jede Achterbahn.
Als wir zum Auto gehen, schaue ich zurück. Überall blinken die Lichter.
„Schön", sagt Julia. Ich nicke.
Im Auto riecht es vertraut. Julia sitzt neben mir auf der Rückbank.
In mir dreht sich noch alles.
„Ich hab das Gefühl, als würde ich noch immer Achterbahn fahren",
sagt Julia.
Als Julia aus dem Auto steigt, bin ich plötzlich traurig.
Ich fühle mich mindestens hundert Kilo schwer.
„Danke für den schönen Tag", sagt Julia.
Ich bringe kein Wort heraus.
„Ihr seht euch ja nächste Woche wieder", sagt Julias Vater.
Meine Mutter hupt zweimal, dann fahren wir los.

UNTERM SCHIRM

„Oje, es regnet", sagen die Leute manchmal beim Blick aus dem Fenster.

Ich denke mir: „Hurra, es regnet!" Der Regen spielt Schlagzeug auf meinem Schirm oder trommelt aufs Dach. Er macht lustige Locken in die Frisur und kitzelt auf der Nasenspitze. Und überall warten Pfützen zum Reinspringen!

Wenn es draußen regnet, ist es auch drinnen noch gemütlicher als sonst.

Wie das rauscht vor dem Fenster!

Nach dem Regen ist die Welt ein Ort, der wunderbar riecht.

Jede Wiese schaut grüner aus als sonst, wie frisch gestrichen!

Und der Regen hat die Luft rein gewaschen. Man kann so richtig durchatmen. Ahhhh!

Auch die Erde freut sich. Die Erde hat manchmal Durst.

Gut, wenn dann der Regen kommt ...

Ihr merkt schon: Ich mag den Regen ...

Mein Regenschirm heißt Mathilde

Mein Regenschirm heißt Mathilde.
Mathilde ist so kitzlig,
dass ich sie nie aufspannen darf,
wenn es regnet.
Fällt auch nur ein Tropfen
auf Mathilde,
muss sie furchtbar lachen.
Nur bei Sommerregen,
einem Regen, der warm und leicht
vom Himmel fällt,
darf ich sie mit hinausnehmen.
Ich halte Mathilde hoch
und dann lacht und lacht
und lacht sie,
dass es eine Freude ist.
Und der ganze Sommer ringsum
lacht mit.

Sommerregen

Zwei Verliebte
gehen
Hand in Hand
durch den Regen.

Mit jedem Schritt
wird die Stadt heller.

Beim Regen

Liebe Sonne, scheine wieder,
schein' die düstern Wolken nieder!
Komm mit deinem goldnen Strahl
wieder über Berg und Tal!
Trockne ab auf allen Wegen
überall den alten Regen!
Liebe Sonne, lass dich sehn,
dass wir können spielen gehn!

August Heinrich Hoffmann von Fallersleben

Trost

So komme, was da kommen mag!
Solange du lebest, ist es Tag.

Und geht es in die Welt hinaus,
wo du mir bist, bin ich zu Haus.

Ich seh' dein liebes Angesicht,
ich sehe die Schatten der Zukunft nicht.

Johann Wolfgang von Goethe

Es regnet

Es regnet, es regnet,
es regnet seinen Lauf.
Und wenn's genug geregnet hat,
dann hört es wieder auf.

Volkslied

EINTRITT FREI!

Als Kind hatten wir zu Hause keinen Fernsehapparat. Unser Fernseher war einfach der Himmel.

Wir lagen in der Wiese, haben hinaufgeschaut und wenn ein Wolkentier vorbeigeflogen kam, haben wir uns im Kopf ein kleines Gedicht ausgedacht. Oder eine Geschichte …

Noch heute, wenn ich auf einen Bus oder auf die Straßenbahn warten muss, hebe ich einfach den Kopf …

Wolken-Kino ist gratis. Da muss man keinen Eintritt zahlen …

In diesem Sinne: Wolken-Kino für alle!

Wolken-Kino

Eine Einladung zum Reimen

Der Wolkenwal
sucht seinen Schal.

Das Wolkenkrokodil
liebt Eis am Stiel.

Die Wolkenschlange
hat eine Zahnspange.

Der Wolkenhund
hat einen großen Mund.

Der Wolkenstier
spielt Klavier.

...

*Welche Wolkentiere hast du
schon einmal vorbeifliegen gesehen?*

Ein Rätsel

Ich kenne eine Schaukel auf vier Rädern. Sie ist rot.
Ich sitze jeden Tag auf meiner Schaukel.
Während ich so dahinschaukle, kann ich mir gut die
Landschaft anschauen.
Da gibt es viel zu sehen.
Ich kann Wolkenkino spielen, Leuten zuwinken oder die
Früchte auf den Bäumen zählen.
Meine Schaukel ist groß. Sie hat auch Platz für meine Freunde.
Wir sitzen und lachen und reden und schaukeln.
Hast du vielleicht auch so eine Schaukel?
Das könnte gut sein!
Meine Schaukel heißt Schulbus.

Sommerfrische

Zupf dir ein Wölkchen aus dem Wolkenweiß,
das durch den sonnigen Himmel schreitet.
Und schmücke den Hut, der dich begleitet,
mit einem grünen Reis.
Verstecke dich faul in der Fülle der Gräser
weil's wohltut, weil's frommt.
Und bist du ein Mundharmonikabläser
und hast eine bei dir,
dann spiel, was dir kommt.
Und lass deine Melodien lenken
von dem freigegebenen Wolkengezupf.
Vergiss dich. Es soll dein Denken
nicht weiter reichen als ein Grashüpferhupf.

Joachim Ringelnatz

HEREINSPAZIERT!

Ein Kinosaal, ein Theaterraum, ein Konzerthaus — kann
es etwas Schöneres geben als zuzuhören und zuzusehen,
wie mit Worten, mit Musik, mit Bewegungen, mit Licht
Geschichten erzählt werden?!
Ich liebe es, im dunklen Saal zu sitzen und dann hebt sich
langsam der Vorhang ...

Im Kino

Lia war schon lange nicht mehr im Kino gewesen.

Die vielen Leute, die Dunkelheit ... Es kostete sie immer etwas Überwindung ins Kino zu gehen.

Aber seit sie ein Filmplakat gesehen hatte mit exotischen Blumen und einer Frau, die im Blumenmeer fast zu verschwinden schien, wollte sie den Film unbedingt sehen.

Endlich hatte sie einen guten Platz gefunden.

Still saß sie in der Dunkelheit und das helle Leuchten von der Leinwand strömte auf sie ein.

Als der Film zu Ende war, verließ sie das Kino.

„Hast du das gesehen?", fragte ein Junge den anderen. „Da ist gerade ein Schmetterling aus dem Saal geflogen. Was macht ein Schmetterling im Kino?"

Die beiden gingen irritiert weiter.

Lia spürte den Abendwind auf ihren Flügeln und ließ sich treiben ...

Schmetterling

Der Sommer sagt: „Schmetterling."
Mein Herz sagt: „Schönes Ding!"
So luftig, so leicht.
Ein kleiner Flügelschlag reicht
und ich spür ein Stück
helles Sommerglück.

Auch das kleinste Licht
hat sein Atmosphärchen.

Marie von Ebner-Eschenbach

WO IST DER BALL?

Zu den Orten, an denen man glücklich sein kann, gehört für mich
der Fußballplatz dazu. Es kann auch nur ein Stück Wiese sein.
Man stellt zwei Stangen auf oder nimmt zwei Jacken oder zwei
Steine als Tore – und schon kann das Spiel beginnen.
Früher haben wir oft barfuß gespielt. Einmal sogar mit
Gummistiefeln, im Regen!
Wichtig ist natürlich ein Ball. Und Freundinnen und Freunde,
die mitspielen wollen ...

Im Tor

Ich steh einfach davor.
Einer muss ja ins Tor.
Wer im Tor steht, hat Mut.
Das wissen alle nur zu gut.
Ich habe Riesenhandschuhe an,
damit ich besser fangen kann.
Kommt ein Ball hoch auf mich zu,
hab ich Sprungfedern an meinem Schuh.
Sie nennen mich Fritz, den Tiger.
Auch heute bleiben wir Sieger.

Das Traumtor

Seit Enzo bei einem Verein spielt, hat er vor jedem Spiel wilde Träume.

Die Verteidiger stehen wie große Felsen vor ihm.

Der Torwart ist ein Tintenfisch mit vielen Armen.

Der Ball verwandelt sich im Flug in einen Kürbis.

Beim Kopfball tauchen Giraffen neben ihm auf.

Unter den tobenden Zuschauern sieht er Löwen und Krokodile.

Ein Spieler steht – groß wie ein Leuchtturm – mitten auf dem Feld.

Der Schiedsrichter sieht aus wie ein Pirat.

Einige Spieler bauen eine hohe Mauer.

Das Tor ist mit Brettern vernagelt.

Zum Glück passiert in Enzos Träumen auch etwas Schönes.

Er bekommt den Ball und trifft ihn genau richtig.

Der Ball landet mitten im Tor. Alle jubeln.

„Guten Morgen", sagt Enzos Vater, der plötzlich im Zimmer steht.

„1:0", ruft Enzo und springt aus dem Bett.

„Wann spielen wir heute?"

WO BIN ICH?

Spielt ihr auch so
gern Verstecken?
Oft entdeckt man
dabei aufregende
Orte, die man vorher
nie beachtet hat.
Der Teppich unterm
Tisch. Die Nische
hinter dem Bett.
Die Ecke hinter der
Tür. Der Platz hinter
dem Vorhang.

Man hält den Atem an und wartet. Noch zählt der andere,
bald wird er sich auf die Suche machen.
Man steht an einem fremden Ort, mitten in der Wohnung,
mitten im Haus. Der Ort ist vertraut und unbekannt zugleich.
Das Herz klopft. Jetzt kommen Schritte näher ...
Sich verstecken — es bleibt ein aufregendes Abenteuer!

Verstecken spielen

Ich verstecke mich.
Du entdeckst mich.
So geht das Spiel.

Du versteckst dich.
Ich entdecke dich.
So geht das Spiel.

Fangen wir an.

Du zählst bis dreihundert und sieben.

Wo bin ich geblieben?

Augen zu

(beim Versteckspielen)

Ich hab die Augen ganz fest zugemacht
und hab mich einfach weggedacht.
So kann ich vor dir stehen,
aber du kannst mich nicht sehen.

Oder doch?

Vor dem Suchen

(mit geschlossenen Augen durchzählen)

Nase, Ohren, Mund,
alles ist gesund.
Hände, Bauch und Beine,
ich finde euch alleine.
Mütze, Weste, Schal,
ich zähl noch mal.
Jacke, Socke, Hosenbein,
jeder muss versteckt sein!

IM BÜCHERZIMMER

Ich liebe Orte, in denen Bücher wohnen.
Bibliotheken, Bücherzimmer — überall,
wo viele Bücher in einem Regal stehen,
fühle ich mich sofort zu Hause.

Ich weiß: Hier warten Geschichten auf mich: laute und leise, lustige
und traurige, einfache und rätselhafte, spannende und solche
zum Entspannen.

Ein Zimmer voller Bücher ist wie ein Zimmer voller Wundertüten.
Jede einzelne hält eine Überraschung für mich bereit. Was wird
passieren, wenn ich das Buch öffne?

Wohin wird es mich führen?

Mit jedem Buch beginnt eine Reise. Viele neue Orte warten ...
Man sitzt im Bücherzimmer und liest und ist plötzlich nicht nur auf
dem Sofa, sondern auch in der Wüste und am Nordpol und
im Märchenwald.

Allein, dass Bücher Märchen erzählen, in denen alles möglich ist, in
denen sich Menschen und Orte immerzu verwandeln können, das ist
schon ein Geschenk für sich.

Ich liebe Orte, in denen Bücher wohnen.

Das Buch

Dako saß in seinem Lehn-
stuhl und betrachtete
seine Bücherwand.
„Ich hab heut so ein Sonn-
tagsgefühl", dachte er. „So
ein Lese-Sonntags-Gefühl!
Ich glaube, ich sollte ein gutes
Buch lesen. Aber welches?"
Kaum hatte Dako den
Gedanken zu Ende gedacht,
sprang ein Buch aus dem
Regal und landete weich auf
der Bettdecke.
„Sehr aufmerksam!", sagte
Dako. „Danke!"
Er nahm das Buch neugierig in
die Hand.
„Hm", sagte er zufrieden.
„Gute Idee!"
Er begann zu lesen und mit jeder
Seite wurde es noch mehr Sonntag.

Lesen ist ein großes Wunder.

Marie von Ebner-Eschenbach

Der winzige Schuh

Ein Märchen aus Irland, neu erzählt

Es gibt große Schilder und bunte Wappen, die man in Burgen und
Schlössern bewundern kann, und dann kann man von großen Helden
erzählen und alle staunen und hören zu.

Es gibt aber auch die kleinsten, winzigsten Dinge, die man mit offenen
Augen kaum erkennen kann, so genau man auch hinschaut – und sie
erzählen Geschichten, die so wunderbar sind, dass alle ganz still werden
und eng zusammenrücken.

Einmal habe ich in Irland, im Haus eines alten Mannes, so ein sonderbares
Ding gesehen – und ich denke heute noch oft daran …

Ich hatte mich verirrt und fragte den Mann nach dem Weg. Er gab mir
Auskunft und bat mich auf ein gutes Glas in die Stube.

Gerade als ich mein Glas wieder auf dem Holztisch abstellen wollte, rief
er: „Um Gottes Willen, der Schuh!"

Ich hielt inne und sah gerade noch, wie der alte Mann vorsichtig ein
winzig kleines Etwas, nicht größer als ein Staubkorn, zur Seite schob und
vorsichtig auf seine Handfläche legte.

„Was ist denn das?", fragte ich neugierig.

Der alte Mann sah sich nach allen Seiten um und dann begann er
flüsternd zu erzählen:

„Als ich einmal müde von der Arbeit nach Hause kam, da hörte ich ein
Hämmern und Klopfen im Stall, ganz genau so, als wenn ein Schuster
Schuhe macht, und dabei wurde ein so hübsches Liedchen gepfiffen,
wie ich es noch nie gehört hatte. Ich schlich zur Tür und öffnete sie,
sachte, sachte, ich machte nicht mehr Lärm als eine Katze, die nach der
Maus schleicht.

Denn ich wusste – so schön pfeifen konnte nur eine kleine Elfe ...

Ich hätte sie gern gefangen. Wer möchte kein Zauberwesen in seinem
Haus haben?

Ich schaute mich im ganzen Stall um und suchte überall.

Endlich sah ich ein winziges Männchen mit einer Schürze, einer roten
Mütze und einem Hammer in der Hand. Es saß auf einem Strohhalm und
pfiff vergnügt vor sich hin und war damit beschäftigt ein paar Schuhe
zu machen.

Ich schlich mich heran und packte es mit einer Hand!

Aber das kleine Zauberwesen entschlüpfte mir durch die Finger – und
alles, was ich noch festhalten konnte, war einer der kleinen Schuhe, die er
gerade gemacht hatte!"

Der alte Mann öffnete seine Hand und zeigte mir den winzigen, wunderschönen Schuh, auf den ich fast mein Glas gestellt hätte.

Der Schuh war kaum zu sehen, ein Nichts aus blauer Seide, mit Schnallen,
so fein wie silberne Haare ...

„Das ist das Schönste, was ich in meinem Leben je gesehen habe!", sagte ich beeindruckt.

„Ich weiß", sagte der alte Mann müde. „Seit jenem Tag warte ich darauf, dass das Männchen zurückkommt und den Schuh wiederholt. Er wird ihn doch brauchen? Oder glaubt ihr, er hat längst einen neuen, zweiten Schuh gemacht?"

Ich wusste keine Antwort.

„Ich möchte mich bei dem kleinen Zauberwesen entschuldigen", sagte der alte Mann. „Ich hätte es nicht fangen dürfen. Es hat so glücklich vor sich hin gepfiffen, es war gern bei mir, jetzt habe ich es vertrieben. Bevor ich sterbe, muss ich diesen winzigen Schuh wieder zurückgeben, sonst finde ich keine Ruhe."

Ich bestaunte noch lange den kostbaren blauen Schuh, dann setzte ich meine Reise fort.

Ob der Schuhmacher der Elfen zurückgekommen ist, um den blauen Schuh zu holen? Ob der alte Mann seinen Frieden gefunden hat?

Ich weiß es nicht, aber bald fahre ich wieder nach Irland und dann werde ich den alten Mann besuchen …

Mein rotes Sofa

Mein rotes Sofa kann erstaunliche Sachen.
Es bringt mich zum Weinen und zum Lachen!
Setz ich mich darauf, ein müdes Wesen,
beginnt mein Sofa mich zu lesen.
Es liest, was ich denke, was ich fühle, was ich bin.
Das Sofa weiß genau: Das steht in mir drin!
Es liest mir lautlos meine Gedanken vor.
Ich sitze da und bin ganz Ohr.
So geht das eine ganze Weile,
mein Sofa hat mit mir keine Eile.
Aber mein Sofa ist weise und klug:
Es weiß sofort: Jetzt ist es genug!
Es verstummt und lässt mich still weiterdenken.
Ich muss dir unbedingt Zeit auf meinem Sofa schenken!

Stilles Glück

Wir sitzen am Tisch beim Lampenschein
und sehn in dasselbe Buch hinein;
und Wange an Wange und Hand in Hand,
eine stille Zärtlichkeit uns umspannt.
Ich fühle ruhig dein Herzchen pochen:
Eine Stunde schon hat keines gesprochen
und keins dem andern ins Auge geblickt.
Wir haben die Wünsche schlafen geschickt.

Hugo Saulus

EWIGE SOMMERFERIEN

Auf einem Baum sitzen, über eine Blumenwiese laufen, im Garten sein und dem Zwitschern ringsum zuhören, mit dem Fahrrad über die schmalen Feldwege fahren, den Pferden auf der Weide zuwinken, durch den kühlen Wald gehen, im kleinen Bach ein selbst gebasteltes Floß schwimmen lassen — ich liebe es, auf dem Land zu sein, zum Beispiel im alten Haus mit dem schönen Garten, das seit Jahren uns gehört.

Ganz in der Nähe, im Nachbardorf, bin ich aufgewachsen und schon als Kind gab es nichts Schöneres, als die Sommerferien im Bauernhof meiner Großeltern zu verbringen.

Jetzt, im eigenen alten Haus, spür ich es immer wieder, dieses schöne Gefühl nach Sommer und nach Ferien.

Dieses intensive Sommerferiengefühl auf dem Land, das habe ich immer, sogar im Herbst und im Winter.

Das hat mit der Landschaft zu tun, die sich immerzu verändert, mit den Menschen, die freundlich sind zu mir, und mit den vielen guten Gerüchen, die es überall zu entdecken gibt ...

In der Küche der Großeltern

In der Küche der Großeltern ist es warm.
Und gemütlich.
Die alte Küche ist ein Dampfer,
der nicht wegfährt.
Wir haben ein Fenster mit Blick aufs Meer.
Ein Meer aus Feldern sieht uns an,
wenn wir lange hinausschauen.
Da sitzen wir, neben dem Großvater,
und der Wind zieht vorbei.
Die Großmutter ist immerzu in Bewegung.
Es gibt viel zu tun.
Die Uhr über der Tür dagegen
ist heute stehengeblieben.
Mit einem lauten Rasseln
hat sie „Guten Morgen!" gesagt.
Dann wollte sie nicht mehr
weitergehen.
Sie blieb einfach stehen.
Jetzt ist es immer zehn Uhr.
Zumindest einen gemütlichen Sonntag lang.

Einkehr

Bei einem Wirte, wundermild,
da war ich jüngst zu Gaste;
ein goldner Apfel war sein Schild
an einem langen Aste.
Es war der gute Apfelbaum,
bei dem ich eingekehret;
mit süßer Kost und frischem Schaum
hat er mich wohl genähret.
Es kamen in sein grünes Haus
viel leichtbeschwingte Gäste;
sie sprangen frei und hielten Schmaus
und sangen auf das Beste.
Ich fand ein Bett zu süßer Ruh
auf weichen, grünen Matten;
der Wirt, er deckte selbst mich zu
mit seinem kühlen Schatten.
Nun fragt' ich nach der Schuldigkeit,
da schüttelt' er den Wipfel.
Gesegnet sei er allezeit
von der Wurzel bis zum Gipfel!

Ludwig Uhland

Der Birnenschmaus

So komm, du lieber Sonnenschein,
lass unsre Birnen gut gedeih'n!
Und wenn sie gelb geworden sind,
dann komm und wehe, lieber Wind!
Komm, Wind, und schüttle jeden Ast
und lad' uns allesamt zu Gast!
Dann eilen wir zum Haus hinaus
und halten einen Birnenschmaus.

August Heinrich Hoffmann von Fallersleben

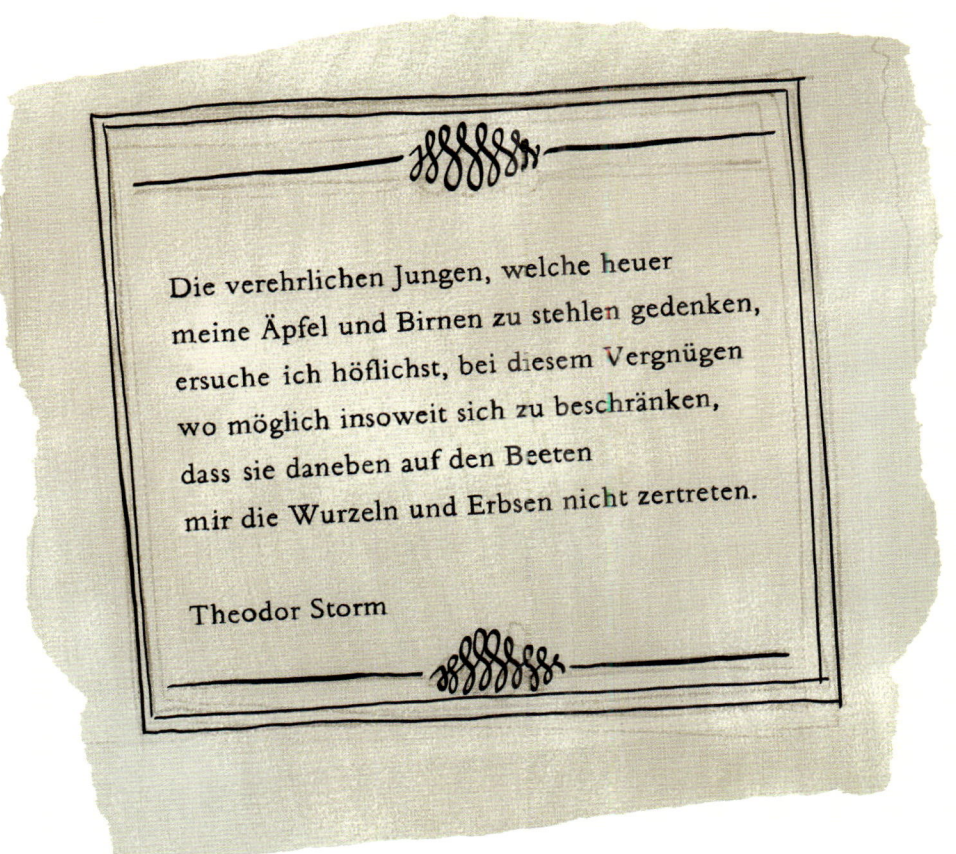

Die verehrlichen Jungen, welche heuer
meine Äpfel und Birnen zu stehlen gedenken,
ersuche ich höflichst, bei diesem Vergnügen
wo möglich insoweit sich zu beschränken,
dass sie daneben auf den Beeten
mir die Wurzeln und Erbsen nicht zertreten.

Theodor Storm

Ein Baum mit Aussicht

Livia sitzt auf ihrem Lieblingsast auf ihrem Lieblingsbaum und denkt über Bäume nach. Welche Bäume kennt sie?

Sie kennt den Apfelbaum im Garten, den Nussbaum, den Kirschbaum.

Sie kennt den Limonadenbaum von Pippi Langstrumpf, in dem Limonade versteckt ist.

Sie kennt die Birke mit der schneeweißen Rinde am Waldrand.

Und sie kennt ihren Kletterbaum, auf dem sie gut klettern kann.

„Ich möchte, dass mein Baum auch ein Geheimnis hat", sagt Livia zum
Schmetterling, der vorbeifliegt.

Sie denkt nach.

Soll sie ihn mit glitzernden Kugeln schmücken, wie einen
Weihnachtsbaum?

Nein. Ihr Baum soll ein Baum für alle Jahreszeiten sein!

Livia schüttelt laut den Kopf. So laut, dass zumindest sie es in ihrem Kopf
hören kann.

Sie braucht eine andere Idee. Sie schaut sich lange um.

Von ihrem Ast aus sieht sie genau auf den alten Apfelbaum, der auf
der Wiese vor dem Haus steht. Die Wiese und der Baum gehören den
Nachbarn, aber Livia darf jederzeit dort spielen. Das haben ihr die
Nachbarn ausdrücklich erlaubt.

„Du darfst jederzeit zu uns in den Garten kommen und dir einen Apfel
holen", hatte Mario, der Nachbar, zu Livia gesagt. „Unsere Äpfel schmecken vielleicht anders als eure Äpfel."

Livia hatte es probiert. Sie hatte keinen Unterschied gemerkt.

Sie schaut den Apfelbaum auf der Wiese an und plötzlich hat sie eine Idee.

„Ich schenke uns einen Gruß aus der Ferne", sagt Livia zu ihrem Lieblingsast. „Dann haben wir ein Geheimnis."

Der Ast hört stumm und verwundert zu. Ein Geheimnis?

Livia klettert vom Baum.

Sie rennt ins Haus und schon nach drei Minuten kommt sie mit einem
langen, blauen Band in der Hand aus der Tür. Sie läuft zur Nachbarwiese
und klettert so schnell sie kann auf den Apfelbaum.

Sie klettert hoch hinauf.

Dann bindet sie das blaue Band an einen der oberen Äste.

Sofort flattert es schimmernd im Wind.

Zufrieden geht Livia langsam zu ihrem Kletterbaum zurück.

Sie steigt auf ihren Lieblingsast.

Langsam, fast feierlich, sieht sie zum alten Apfelbaum mit dem blauen
Band hinüber.

Das Band flattert und flattert im Wind. Das sieht schön und geheimnisvoll aus.

„Jetzt haben wir ein Geheimnis", sagt Livia zu ihrem Baum. „Jetzt bist du ein Baum mit einer besonderen Aussicht."

Sie winkt dem Apfelbaum und dem blauen Band zu. Dann macht sie es sich auf ihrem Lieblingsast gemütlich.

Wundergarten

Meine Mutter hatte einen Garten,
und das war ein Wundergarten.
In dem Garten stand ein Baum,
und das war ein Wunderbaum.
Auf dem Baume waren Äste,
und das waren Wunderäste.
An den Ästen waren Zweige,
und das waren Wunderzweige.
An den Zweigen waren Blätter,
und das waren Wunderblätter.
In den Blättern war ein Nest,
und das war ein Wundernest.
In dem Neste lagen Eier,
und das waren Wundereier.
Aus den Eiern kamen Vögel,
und das waren Wundervögel.
Diese Vögel hatten Federn,
und das waren Wunderfedern.
Aus den Federn ward ein Bettchen,
und das war ein Wunderbettchen.
Vor dem Bettchen stand ein Tischchen,
und das war ein Wundertischchen.
Auf dem Tischchen lag ein Buch,
und das war ein Wunderbuch.
In dem Buche stand geschrieben
kreuz und quer auf Seite sieben:
Meine Mutter hatte einen Garten ...

Deutsches Volksgut

Abendrot

Und plötzlich
ist der Himmel
rot

wie Himbeerbrause!

Wertvoll

Oft ist das Wertvollste ganz klein.
Es kann eine Nuss-Schale sein,
ein Samen vom Rittersporn,
ein Pfefferkorn.

Gut ist der Duft einer Wiese
oder eine kleine, kühle Brise.

Am schönsten aber – für jede Atempause –
ist ein großes Glas mit Himbeerbrause.

Windstille

Weißt du, was unsere Katze rief,
als ich in der Früh noch schlief?
„Bleib ruhig noch eine Weile liegen,
gleich wird der Sturm die Bäume verbiegen!"
Ich hab mich sofort aus dem Haus getraut
und hab im Garten nachgeschaut.
Kein Sturm in Sicht. Es war ein Traum.
Und die Katze schlief zufrieden unterm Baum.

Will dir den Frühling zeigen

Will dir den Frühling zeigen,
der hundert Wunder hat.
Der Frühling ist waldeigen
und kommt nicht in die Stadt.

Nur die weit aus den kalten
Gassen zu zweien gehn
und sich bei den Händen halten –
dürfen ihn einmal sehn.

Rainer Maria Rilke

April

Das ist die Drossel, die da schlägt,
der Frühling, der mein Herz bewegt.
Ich fühle, die sich hold bezeigen,
die Geister aus der Erde steigen.
Das Leben fließet wie ein Traum –
mir ist wie Blume, Blatt und Baum.

Theodor Storm

Im Baumhaus

Ich schaue würdevoll über mein Land.
Ich winke königlich mit einer Hand.
Alles ist noch schöner als im Traum.
Mein Thron ist ein blühender Apfelbaum.

Als mein Großvater einen Engel im Wald traf

Einmal hat mein Großvater einen Engel im Wald getroffen.
Er hat es mir selbst erzählt.
Der Engel trug einen Rucksack auf dem Rücken und sah gar nicht wie ein Engel aus.
Mein Großvater hielt den Engel für einen ganz gewöhnlichen Wanderer und so sagte er auch zu ihm ganz gewöhnlich: „Hallo! Schöner Tag heute, nicht wahr?"
„Finde ich überhaupt nicht", sagte der Mann mit dem Rucksack. „Ich bin das Gehen nicht mehr gewohnt", seufzte er und setzte sich auf einen Baumstumpf, der halb von Moos überwachsen war.

„Na, dann gehen Sie halt nur eine kleine Runde", sagte mein Großvater freundlich. „Nicht jeder muss alle großen Wanderwege ablaufen. Es soll ja auch guttun, das Gehen. Da, schauen Sie, wie schön die Sonne durch die Zweige blinzelt!"

„Soll sie nur blinzeln", sagte der Mann. Er nahm seinen Rucksack ab und reckte und streckte sich.

„Vielleicht haben Sie zu viel eingepackt?", fragte mein Großvater.

„Mein Gepäck ist federleicht", sagte der Mann. „Da, heben Sie einmal!"

Mein Großvater griff nach dem Rucksack und tatsächlich – er war wirklich federleicht.

„Da ist ja gar nichts drin", sagte mein Großvater erstaunt.

„Oh, doch", antwortete der Mann. „Und ob da was drin ist. Da sind meine Flügel drin."

„Ich verstehe nicht recht", sagte mein Großvater. „Haben Sie gerade Flügel gesagt?"

Der Mann nickte. „Ja, Flügel. Ich bin ein Engel. Ich muss meine Flügel zur Reparatur bringen. Das ist mir schon seit ewigen Zeiten nicht mehr passiert. Hier in der Nähe gibt es eine Waldwerkstatt, die wissen genau, was zu machen ist."

„Hm", sagte mein Großvater. „Was ist denn kaputt?"

„Keine Ahnung", sagte der Mann, der ein Engel war. „Sie wollen einfach nicht mehr. Dabei schauen sie gar nicht anders aus als sonst. Sie bewegen sich nicht."

„Na, zeigen Sie mal her", sagte mein Großvater. „Vielleicht kann ich Ihnen helfen."

Der Mann, der ein Engel war, packte seine Flügel aus.

Weiß waren sie. Strahlend weiß und wunderschön.

Mein Großvater musste schlucken.

„Da bleibt einem ja die Spucke weg", sagte er laut. „Ihre Flügel sind so schön, dass es fast in den Augen wehtut!"

Mein Großvater griff in seine Jackentasche und setzte sich die Sonnen-brille auf.

„Na ja", sagte der Mann, der ein Engel war. „Ich bin's gewohnt."

Mein Großvater betrachtete die Flügel von allen Seiten.

„Es scheint alles in Ordnung zu sein", sagte er nach einer Weile. „Könnte es an Ihrem Rücken liegen? Ich meine, wie werden denn diese Flügel festgemacht?"

„Ach so", sagte der Mann, der ein Engel war. „Das ist ganz einfach.

Er hob seine linke Hand und die Flügel stiegen langsam in die Höhe. Sie drehten und drehten sich in der Luft und schon saßen sie auf seinem Rücken fest.

„Das lässt sich schwer erklären", sagte der Mann, der ein Engel war.

„So geht das nun mal. Daran kann es nicht liegen. Sie sitzen wie

angegossen. Aber so sehr ich mich auch aufs Fliegen konzentriere –
sie rühren sich nicht."

„Hm", sagte mein Großvater. „Wie lange sind Sie schon Engel?"

„Schon ziemlich lange", überlegte der Mann, der ein Engel war.

„Vielleicht fehlt etwas Menschliches", sagte mein Großvater. Er dachte
nach. „Was habe ich gesagt, als ich die Flügel zum ersten Mal gesehen
habe? Da bliebt einem ja die Spucke weg ... Hm. Man könnte es probieren."

Mein Großvater spuckte dreimal in seine Hände.

„Meine Spucke hat schon so manche Wunde verheilen lassen", sagte er.
„Zumindest bei meinem Enkelkind hat es oft funktioniert. Bienenstiche,
Brennnesselflecken, so Sachen halt."

Dann strich er mit seinen Händen vorsichtig über die Flügel.

Der Mann, der ein Engel war, schaute ihm verwundert zu.

Dann schloss er die Augen.

Langsam, ganz langsam hob sich sein Körper in die Höhe und schon
schwebte er über dem Kopf meines Großvaters.

„Ich danke dir", sagte der Mann, der ein Engel war. „Ich werde ein Auge
auf dich werfen, als kleines Dankeschön! Meinen Rucksack kannst du
gern behalten!"

Und dann verschwand der Mann, der ein Engel war, zwischen den Baum-
stämmen, wie ein großer Vogel aus Luft und Federn.

Mein Großvater hob den Rucksack auf und ging weiter.

So hat er es mir erzählt. Er hat mir den Rucksack auch gezeigt.

Er sah aus wie ein ganz normaler Rucksack. Nicht die winzigste weiße
Feder habe ich darin finden können.

„Engel haben auch kein leichtes Leben", hat mein Großvater gesagt.

Und dann hat er in die Hände gespuckt und ist in den Stall gegangen,
zum Arbeiten.

Mittag

Am Waldessaume träumt die Föhre,
am Himmel weiße Wölkchen nur.
Es ist so still, dass ich sie höre,
die tiefe Stille der Natur.
Rings Sonnenschein auf Wies' und Wegen,
die Wipfel stumm, kein Lüftchen wach,
und doch, es klingt, als ström ein Regen
leis tönend auf das Blätterdach.

Theodor Fontane

Die zwei Wurzeln

Zwei Tannenwurzeln groß und alt
unterhalten sich im Wald.
Was droben in den Wipfeln rauscht,
das wird hier unten ausgetauscht.
Ein altes Eichhorn sitzt dabei
und strickt wohl Strümpfe für die zwei.
Die eine sagt knig,
die andere sagt knag.
Das ist genug für einen Tag.

Christian Morgenstern

Das verzauberte Schaf

Ein Märchen aus Polen, neu erzählt

Es lebte einmal ein armer Knecht, der musste den ganzen Tag im Wald
das Holz hacken.
Eines Tages hörte er ein lautes Schreien.
Ein Mann war mit seinem Pferdewagen im nahen Sumpf steckengeblieben.
Der Knecht zog und zog, bis der Mann samt seinem Wagen wieder im
Trockenen stand.
„Du hast dir eine Belohnung verdient", sagte der Mann. „Nimm dieses
verzauberte Schaf. Wenn du es schüttelst, werden Goldstücke aus seinem
Fell fallen."

Er reichte dem Knecht ein kleines Schaf und fuhr weiter.

Der Knecht wollte nicht so recht glauben, was ihm der Mann gesagt hatte.

Am Abend ging er mit dem Schaf ins Wirtshaus. Er schüttelte das Fell
des kleinen Tiers und tatsächlich – einige Goldmünzen klimperten auf
den Boden.

„Ich will gut essen und trinken", sagte der Knecht zur Wirtin und ließ
sich alles auftragen, wonach ihn gelüstete.

Kaum war er – müde und betrunken – am Tisch eingeschlafen,
vertauschte die Wirtin das verzauberte Schaf gegen ein anderes.

Am frühen Morgen zog der Knecht in den Wald. Als er zu Mittag Hunger
und Durst bekam und das Schaf schüttelte, fielen keine Goldmünzen
mehr zu Boden.

„Ei wohl", dachte der Knecht." Der Zauber ist rasch verflogen …"

Da stand der fremde Herr wieder vor ihm, den er gerettet hatte.

„Nimm dieses Huhn", sagte der Mann, der ein Zaubermeister war.

„Es wird dir goldene Eier legen. Sag nur: ‚Hühnchen hold, leg mir ein Ei
aus Gold!'"

Am Abend kehrte der Knecht wieder bei der Wirtin am Waldesrand ein.

Er flüsterte leise: „Hühnchen hold, leg mir ein Ei aus Gold" – und schon
lag ein goldenes Ei auf dem Boden.

Der Knecht ließ es sich wieder gut schmecken. Viele Teller und Flaschen
wurden aufgetragen und so merkte er gar nicht, dass die Wirtin das
verzauberte Huhn gegen ein anderes vertauschte …

Am nächsten Tag konnte der Knecht im Wald noch sooft „Hühnchen hold,
leg mir ein Ei aus Gold" rufen – das Huhn gackerte laut und rannte
aufgeregt auf und ab, aber ein goldenes Ei wollte es keines legen …

„Ei wohl", dachte der Knecht. „Der Zauber ist rasch verflogen …"

Wieder erschien der freundliche Herr mit dem Pferdewagen.

Er gab ihm ein weißes Tischtuch und einen Korb mit einem großen
Knüppel aus Holz.

„Nimm dieses Tischtuch", sagte er. „Rufst du ‚Tischlein, deck dich!', so
wirst du die besten Speisen darauf finden. Will dir jemand das Tischtuch

wegnehmen, so rufst du: ‚Knüppel, heraus aus dem Haus!', und schon wird der Knüppel auf dem Rücken der Diebe tanzen! Sagst du ‚Knüppel, hinein in dein Körbelein', so wird er stillhalten."

Der Knecht ging am Abend wieder ins Wirtshaus. Er legte sein Tischtuch über einen alten Holztisch und rief: „Tischlein, deck dich!"

Schon standen die besten Speisen für ihn bereit.

Als er sich schlafend stellte, schlich die Wirtin heran, um das Tischtuch zu nehmen.

„Knüppel, heraus aus dem Haus", rief der Knecht und schon ging der Knüppel auf die Wirtin los und verdrosch sie nach Strich und Faden.

„Ich geb dir dein Schaf und dein Huhn zurück, wenn du nur diesen Knüppel wegsteckst!", rief die Wirtin verzweifelt.

„Knüppel, hinein in dein Körbelein!", sagte der Knecht und schon lag der Knüppel ruhig in seinem Korb.

Die Wirtin brachte das gestohlene Schaf und das Huhn und der
Knecht zog mit seinen Wunderdingen gut gelaunt in die weite
Welt hinaus.
Man sagt, er soll in einem fernen Land eine Prinzessin geheiratet haben
und ein König geworden sein.

Wer Wunderliches geschenkt bekommt, dem ist so manches Wunder
zuzutrauen …

Meine Hängematte

Ich kann in der Luft liegen
und mich lautlos wiegen.
Einfach so.
Ich kann Vogellieder hören
ohne jemanden zu stören.
Einfach so.
Ich kann fürstlich leben
und federleicht schweben.
Einfach so.
Meine Hängematte erlaubt es mir.
Sie erlaubt es bestimmt auch dir!
Einfach so.

Gefunden

Ich ging im Walde
so für mich hin,
und nichts zu suchen,
das war mein Sinn.
Im Schatten sah ich
ein Blümchen stehn,
wie Sterne leuchtend,
wie Äuglein schön.
Ich wollt es brechen,
da sagt es fein:
„Soll ich zum Welken
gebrochen sein?"
Ich grub's mit allen
den Würzlein aus.
Zum Garten trug ich's
am hübschen Haus.
Und pflanzt es wieder
am stillen Ort;
Nun zweigt es immer
und blüht so fort.

Johann Wolfgang von Goethe

DER TON MACHT DIE MUSIK

Ein Sprichwort sagt: „Wo man Musik macht, da lass dich ruhig nieder – böse Menschen haben keine Lieder."

Diese Erfahrung habe ich auch gemacht. Wo Menschen miteinander musizieren, herrscht eine ganz besondere Stimmung. Manchmal scheinen Zeit und Raum stillzustehen, wenn man Klängen lauscht. Auch das Rauschen eines Bächleins kann etwas ganz Besonderes sein, Frühlingslieder können dich beflügeln und bereits bei einem Konzert mit den Fingerspitzen kannst du dich wie in einem Konzertsaal fühlen …

Am Klavier

Luise streichelt ihr Klavier
wie ein seltenes Tier.
Die weißen und die schwarzen Tasten
dürfen noch ein wenig rasten.
Die Fingerspitzen warten noch eine Weile,
Luise hat heut keine Eile.
Das seltene Tier
namens Klavier
wartet geduldig und leise.
Es ist bereit für die große Reise.

Schon hört man eine erste Melodie.
Fein und zart, so sanft wie nie
gleiten Luises Finger hin und her,
das Schwere wird leicht, das Leichte schwer.

So spielt sich Luise einmal um die Welt,
laut und leise, wie es ihr gefällt.
Dann sagt sie zum großen, schwarzen Tier:
„So, und jetzt bleiben wir hier."
Die Musik, sie klingt freundlich aus,
Luise ist jetzt wieder zu Haus.
Das Tier namens Klavier bleibt müde stehen.
Luise will noch nach draußen gehen.

Meine Harfe

Sie ist schmal, die Saiten sind fein,
und doch kann sie alles sein.
Ein Sturm, ein Gewitter, ein lautes Brausen,
ein Rauschen, ein Klopfen, ein wildes Sausen.
Dann wieder erzählt sie wunderbar leise
von einer geheimnisvollen Reise.
Da hört man Feen und Elfengesang,
dort einen schwebenden Zauberklang.
Meine Harfe bringt meine Seele zum Schwingen.
Ich höre ihr zu und beginne zu singen ...

Ein Konzert mit den Fingerspitzen

Niko hat einen neuen Lieblingsplatz.

In den Ferien hat er den leeren Dachboden im Haus seiner Großeltern entdeckt. Er ist die schmale Holztreppe hinaufgestiegen und plötzlich stand er in einem großen, leer geräumten Raum, in dem es wunderbar still war.

In einer kleinen Truhe in der Ecke hat Niko eine kleine, bemalte Trommel gefunden.

„Ach, die Trommel. Die hab ich als Kind einmal geschenkt bekommen", hat sein Großvater beim Abendessen erzählt. „Die kannst du gerne haben."

Seither setzt sich Niko manchmal auf den Dachboden, mitten in den leeren Raum, und dann trommelt er.

Er trommelt leise und laut. Wild und freundlich.

Einmal hat der Regen aufs Dach getrommelt.

„Das kann ich auch", hat Niko laut gesagt und mit dem Regen mitgetrommelt.

Niko geht gern die Holztreppen hinauf.

Der Dachboden ist seine Bühne und er ist der Musiker, dem alle zuhören.

Manchmal schließt Niko beim Trommeln die Augen und dann beginnt er zu spielen. Die Fingerspitzen trommeln oft wie von allein. Niko muss gar nicht viel machen.

Wenn er – nach Minuten – die Augen wieder aufmacht, wundert er sich, dass er noch immer auf dem Dachboden sitzt.
Beim Spielen hat es sich so angefühlt, als wäre er in einer weiten Land-schaft in einem anderen Land.

Seit ein paar Tagen nimmt Niko die Trommel manchmal mit in den Hof.
Er setzt sich zu seinem Großvater auf die Holzbank und dann trommelt er ihm was vor.
„Wie klingt der Regen? Wie klingt es, wenn es schneit? Und was ist, wenn es donnert?"
Der Großvater stellt viele Fragen und Niko antwortet mit den Fingerspitzen.
„Bitte noch ein kleines Schlusskonzert", sagt der Großvater und Niko legt los.
Seither hat Niko zwei Lieblingsplätze im Haus der Großeltern.
Den Dachboden und die Bank im Hof.

Wohin?

Ich hört' ein Bächlein rauschen
wohl aus dem Felsenquell,
hinab zum Tale rauschen
so frisch und wunderhell.
Ich weiß nicht, wie mir wurde,
nicht, wer den Rat mir gab.
Ich musste auch hinunter
mit meinem Wanderstab.

Wilhelm Müller

Hab' oft im Kreise der Lieben

Hab' oft im Kreise der Lieben
im duftigen Grase geruht
und mir ein Liedlein gesungen.
Und alles war hübsch und gut. (...)

Adelbert von Chamisso

Der Leiermann

Warum sie sich wohl ans Fenster stellen,
wenn unten der Alte die Leier dreht?
Warum sie verstummen und mancher ergriffen
mit glänzenden Augen vorübergeht?

Sie wissen es selbst nicht warum sie lauschen.
Die Brust wird ihnen plötzlich so weit.
Sie lassen sich durch die Seele rauschen
das alte Lied ihrer Jugendzeit.

Joachim Ringelnatz

Leise zieht durch mein Gemüt

Leise zieht durch mein Gemüt
liebliches Geläute.
Klinge, kleines Frühlingslied,
kling hinaus ins Weite.

Kling hinaus, bis an das Haus,
wo die Blumen sprießen.
Wenn du eine Rose schaust,
sag, ich lass sie grüßen.

Heinrich Heine

WAS RIECHT DIE KUH? UND WAS RIECHST DU?

Im Stall, auf der Pferdekoppel, auf der Wiese: Ich bin gern bei
Freunden auf dem Bauernhof.
Jeder Ort hat seinen eigenen Geruch und so ein Geruch – das kann
wie ein Zuhause sein …
Hier ist ein Lob der Gerüche – und der Nase …

Was riecht die Kuh?

Was riecht die Kuh?
Im Stall den alten Lederschuh,
in der Früh deine warme Hand
und die mehlweiße Wand.
Auf den Wiesen riecht sie jedes Kraut,
das sich vor ihrer Nase wachsen traut.
Dazu das würzige Heu mit seinem Duft
und die frische Abendluft.

Was riecht das Pferd?

Auf der Koppel riecht es nach Hafer und Brot,
nach frischem Wasser und Morgenrot.
Das Holz duftet aus allen Wänden.
Ist das ein Stück Zucker in deinen Händen?
Es riecht nach Erde und nach Regen,
man spürt, da will sich jemand bewegen …
Draußen riecht das Pferd sogar den Himmel
und jeden einzelnen Wolkenschimmel.

Was riecht der Hase?

Jeder kleine Hase
hat eine kleine feine Nase.
Die beschnuppert alles, was ist,
die weiß immer, wo du bist.
Ob Morgentau oder Sternennacht,
die Hasennasen geben Acht.
Fasan, Katze, Wildschwein, Hund,
draußen geht's immer rund.
Ob Jägermantel oder Vogelfeder,
Duftspuren hinterlässt jeder.
Ob Stachel oder Fellkleid:
Die Hasennasen wissen Bescheid!

Was riecht das Schwein?

Was riecht das Schwein?
Das muss vieles sein!
Im Schweinestall gibt's alles und mehr,
die Auswahl fällt schwer.
Da ein Kürbis, halb zerfressen,
dort ein Laib Brot, längst vergessen.
Im wunderbar weichen schwarzen Schlamm
badet ein alter löchriger Schwamm.
Kleine Äpfel rollen vorbei:
Was für eine schöne Sauerei!

Immer der Nase nach!

Eine Liebeserklärung

Wie riecht das Gras, der Wind?
Wie riecht das kleine große Kind?
Wie riecht die Erde, der Stall?
Wie riecht der riesenblaue Ball,
auf dem wir stehen,
auf dem wir gehen?

Jeder Geruch
ist wie ein vollgeschriebenes Buch.

Ob Esel oder Schaf,
ob Hirte oder Graf,
ob Hase oder Kuh,
ob Ich oder Du,
Nasen wissen alles.
Sie schmecken die Luft,
sie kennen den Duft
von dir und mir.

Man sollte in alles
seine Nase stecken!
Man sollte die ganze Welt
mit der Nase entdecken!

Frau Glückswind schnupperte und sprach:
„Immer der Nase nach!"

Die Stille riecht nach Vanille

Manchmal ist ein Geruch
wie ein Besuch
zu Hause.

Die schönste Stille
riecht nach Vanille.

Ich sehe mich in der Küche
der Großmutter.
Ihre Hände über dem Teig
legen weiße Mehlspuren
auf den Tisch.

Jetzt weiß ich,
wo der Vanillemond
wohnt.

Bald liegen
viele kleine
weiß glänzende
Mondsicheln
ofenwarm
und wunderbar duftend
auf dem schwarzen Blech.

Schon brennen
die Fingerspitzen.
Schon leuchtet
der Vanillemond

in mir.

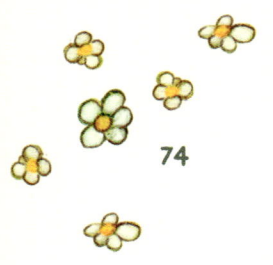

In der Pizzeria

Es gibt einen Ort,
da rede ich fast kein Wort.
Ich nicke allen zu,
sie lassen mich freundlich in Ruh.
Eine Frau geht fragend vorbei:
„So wie immer, die Nummer zwei?"
Ich nicke und greife nach dem Messer.
Die Salami-Pizza wird immer besser …

Beim Abendessen

Und nicht vergessen!",
sagt Tante Selma beim Abendessen.
„Ein Schaf ist immer brav!"
Da ruft Schaf Willi Klein:
„Dann will ich lieber ein Löwe sein!"

Der Riese Xuru im Wald

Der Riese Xuru geht durch den Wald und fürchtet sich.
Links raschelt und rauscht es, rechts knistert und knattert es.
Überall knirscht und knackt es.
Der Riese Xuru versteckt sich hinter einem Baum.

Über seinem Kopf – zwischen den Blättern – bewegt sich etwas.

Ein Junge blickt zwischen einigen Ästen und Blättern hervor.

Er hat ein Holzschwert in der Hand.

„Halt! Ich bin Joe, der Pirat", ruft Joe, der Pirat. „Wer ist da in meinem Wald?"

„Ich", sagt Xuru.

Joe, der Pirat, springt vom Baum. Das Holzschwert lässt er nicht los.

„Ich bin der erste Waldpirat. Es gibt nämlich auch Seepiraten!"

„Verstehe", sagt Xuru. „Ich bin Xuru. Ich bin ein ganz gewöhnlicher Riese. Kein Piratenriese, kein Matrosenriese, kein …"

„Stimmt nicht", sagt Joe. „Du bist ein Waldriese."

Xuru muss lachen.

„Das stimmt. Ich bin ein Waldriese mit einem großen Hunger."

Joe weicht einen Schritt zurück.

„Mit Hunger worauf?"

„Auf Pizza", sagt Xuru. „Ich habe gehört, es soll hier am Waldrand eine neue Pizzeria geben. Da bekommt man eine Riesenpizza."

„Il Mare", sagt Joe. „So heißt die Pizzeria. Die gehört meinen Eltern. Mein Vater liebt das Meer. Aber er sagt, der Wald kann genauso rauschen wie das Meer. Manchmal."

„Verstehe", sagt Xuru. „Und wie finde ich zur Pizzeria?"

„Ich bringe dich hin", sagt Joe, der Pirat. „Es sind gerade keine feindlichen Schiffe in Sicht."

Er hebt sein Holzschwert und marschiert los.

„Mir nach!", ruft er laut.

Joe und der Riese Xuru gehen durch den Wald.

Links raschelt und rauscht es, rechts knistert und knattert es.

Überall knirscht und knackt es.

Aber sie haben keine Angst.

Sie sind jetzt zu zweit und sie reden über Gott und die Welt und über Salamipizza.

Unterwegs treffen sie einen Fuchs, einen Cowboy und einen Bären, der so müde ist, dass er alle fünf Meter einschläft.

„Tausche Sommerschlaf gegen Winterschlaf", brummt er, als Joe ihn wieder einmal weckt.

Sie alle kommen mit zur Pizzeria „Il Mare".

Plötzlich knurrt etwas so laut, dass alle zusammenzucken.

„Entschuldigung", sagt der Riese Xuru. „Das war mein Bauch."

„Gut, dass wir da sind", sagt Joe. Er drückt einen Strauch zur Seite.

Auf einer Wiese neben dem Fluss steht ein altes Haus.

„Pizzeria Il Mare" steht auf einem Schild über der Tür.

„Wartet hier", sagt Joe.

Er steckt sein Holzschwert weg und marschiert in die Küche.

Er holt seine Eltern und stellt seine neuen Freunde vor.

Sie bekommen einen schönen großen Tisch mit Blick auf die Blumenwiese.

Bald haben alle eine Riesenpizza.

Für den Riesen Xuru gibt es sogar eine Riesenpizza Spezial.

Alle lassen es sich schmecken, auch der Bär, der plötzlich gar nicht mehr müde ist.

Dann bringt Joes Papa noch Eis für alle.

Sie haben es gut und gemütlich, an diesem Nachmittag am Waldesrand.

Joe schaut zufrieden in die Runde.

„Ich bin froh, dass ihr auch alle zum Kostümfest geht", sagt er.

„Kostümfest?", fragt der Riese Xuru. „Was ist das?"

„Ein Maskenball!", sagt Joe. „Alle sind verkleidet!"

„Was sind Masken?", fragt der Fuchs.

„Wo ist hier ein Ball?", fragt der Bär. „Ich spiele gern mit einem Ball."

Joe wundert sich.

„Ich gehe auch zum Kostümfest", sagt der Cowboy. „Ich bin Ben."

Der Riese Xuru, der Fuchs und der Bär schauen einander an.

„Dürfen wir auch mitkommen?", fragen sie.

Eine Stunde später tanzen ein Riese, ein Bär, ein Fuchs, ein Cowboy und ein Pirat in einem geschmückten Garten.

Bunte Lichter leuchten, überall sind Luftballons und die Musik spielt.

Ein Dinosaurier, ein Zauberer, ein Indianer, sieben Zwerge und viele Prinzessinnen tanzen um sie herum.

Es wird ein richtig schönes Fest.

Bald sitzt der Bär müde in einer Ecke und schläft.

Ben, der Cowboy, und der Fuchs tanzen miteinander.

Der Riese Xuru legt sich ins Gras. Joe lehnt sich an seine Schulter.

Der Wind streicht über die Äste und Blätter der Bäume.

„Ich kann das Meer rauschen hören", sagt Joe leise.

DAS SCHÖNSTE BLAU DER WELT

Ich habe lange über meinen Lieblingsort nachgedacht.

Dann wusste ich: Mein liebster Ort ist das Meer.

Ich liebe diese Weite, diesen Geruch, das Auf und Ab der Wellen.

Für mich ist es das schönste Blau der Welt.

Immer, wenn ich am Meer stehe, murmle ich leise: „Ciao mare".

Ich begrüße es gern, das Meer.

Am Meer zu sein hilft mir. Ich kann klarer denken, ich kann besser atmen, ich richte mich auf. Ich fühle mich jung und stark am Meer. Diese Zauberkraft des Meeres wirkt immer.

Geht es dir auch so?

Egal ob ich im Meer schwimme, auf einem Boot sitze oder nur am Strand bin — das große, schöne Blau ist mein Freund. Das Meer ist für mich ein Ort des Glücks. Ich möchte sooft wie möglich am Meer sein.

Kein Wunder, dass das Meer in vielen Gedichten, Geschichten und Märchen von vielen gern besungen wird.

Man kann auch auf einem Bauernhof sitzen und vom Meer träumen ...

Sehnsucht mit sieben Buchstaben

Am Sonntag sind alle Tauben Möwen.

Ich sehe sie auf dem Dach gegenüber.

Wie sie kommen, sich niederlassen, plötzlich davonfliegen.

Ich bin bei Großvater zu Besuch.

Wir sitzen am Küchentisch beim offenen Fenster.

Der Wind raschelt in der Zeitung, die Großvater vor sich liegen hat.

Er versucht das große Kreuzworträtsel zu lösen. So wie jeden Sonntag.

„Sehnsucht mit sieben Buchstaben?", fragt er mich gerade.

Hmm.

Ich beuge mich weit aus dem Fenster.

Auf der Wiese wohnen heute sieben Bäume, vier Kinder und

zwei Großmütter.

„Sehnsucht mit sieben Buchstaben?"

Der Sommer ist vorbei, das spürt man.

Der Wind ist nicht mehr so warm.

Jetzt wird Großvater bald das Fenster zumachen.

Da steht er auch schon auf, er reibt sich die Hände.

„Jetzt kommt uns bald wieder der Rauch aus dem Mund und aus den

Nasenlöchern, wenn wir draußen sind. Wie bei den Pferden!"

Er lacht, schließt vergnügt das Fenster.

Großvater mag den Herbst. Das Poltern der Nüsse auf dem Tisch, das

Kastaniensammeln in der Allee.

Und die Abende, an denen er seine Schattenspiele an die Wand zaubern kann, neben der Kerze.

„Der Herbst ist eine wunderbare Zeit!", verkündet Großvater bei jeder Gelegenheit, oft schon im Frühjahr. „Draußen Wind und Nebel – und drinnen ein Schaukelstuhl und der warme Ofen!"

Ich sehe ihn schon vor mir, wie er zufrieden in seinem Schaukelstuhl sitzt, mit den vielen Zeitungen, die er das ganze Jahr über in hohen Stapeln aufschlichtet.

„Die muss ich alle noch rasch lesen, bevor sie zu Rauch werden", sagt er dann immer.

Die Zeitungen, die er schon angeschaut hat, legt er in die Holzkiste zum Verheizen.

Großvater mag den Herbst.

Ich habe den Sommer trotzdem lieber.

Ich darf gar nicht an die Sommerferien denken!

Da bin ich mit meinen Eltern ans Meer gefahren, nach Italien!

Das Meer!

Die hohen Wellen! Die weißen Muscheln, die ich beim Tauchen gefunden hab! Und als mir Pietro gezeigt hat, wie man die schwarzen Seeigel herausholt – und wie man sie essen kann!

Und das Hinausfahren mit seinem Vater, im kleinen Boot! Wie im Kino.

Der ganze Himmel war rot.

Und am Abend sind wir langsam wieder zurückgefahren – mit einem gewaltigen Sonnenbrand überall und einem Riesenbehälter voll von kleinen und großen Fischen!

Und dann unser geheimer Treffpunkt beim Eisgeschäft. Mit Cinzia, der Schwester von Pietro.

Und weil ich einmal ein gelbes T-Shirt angehabt hab, durfte ich dann nur noch Zitroneneis essen.

Gelbes, saures Zitroneneis. Ich habe es schnell gelernt:

„Un gelato al limon!"

Großvater sucht noch immer nach dem richtigen Wort.

Es ist ganz still in der Küche.

Nur die alte Pendeluhr tickt. Am Sonntag tickt sie immer besonders laut.

In allen Zimmern sind die Uhren am Sonntag lauter als sonst.

Ich hör die Kirchenglocken läuten.

Irgendwo bellt ein Hund.

Etwas kratzt mich im Hals.

In der Küche riecht es plötzlich nach Meer.

Sehnsucht mit sieben Buchstaben …?

„Fernweh!", rufe ich.

Großvater zählt langsam die Buchstaben nach.

„Oder Heimweh", sagt er.

Ich sehe die Tauben auf dem Dach gegenüber.

Wie sie kommen, sich niederlassen, plötzlich davonfliegen.

Wahrscheinlich wollen sie ans Meer. So wie ich.

Am Sonntag sind alle Tauben Möwen.

Das Meer spielt Verstecken

Tuna fühlt sich allein.

Da kommt das Meer und spielt mit ihr Verstecken.
Das Meer versteckt sich
hinter den großen Palmenblättern,
zwischen den bunten Liegestühlen,
beim Obststand,
hinter dem Eisverkäufer
und bei den Luftmatratzen.

„Ich seh dich!", ruft Tuna,
wenn sie ein blaues Glitzern entdeckt.

Das Meer versteckt sich
hinter dem Sonnenschirm,
bei den Sandburgen
und zwischen den Fischerbooten am Strand.

Einmal verschwindet es
hinter Mama und Papa,
dann hinter Fred, dem Strandhund.

Tuna ist heiß geworden vom Spielen.

„G E F U N D E N !", schreit sie plötzlich laut.

Dann läuft sie – mit ausgestreckten Armen – aufs Meer zu
und springt lachend ins kühle weite Blau.

Sonntags am Strand

Lieber im roten Sonntagsgewand
als rot vom Sonnenbrand",
sagte der Elefant
und saß vergnügt am Strand.

Ausflug

Was macht der Elefant
im Sonntagsgewand
am Strand?
Er will das Meer sehen.
Er will die Freude der Menschen verstehen.
Lange steht er vor dem weiten Blau.
Er riecht, er hört, er schaut genau.
„Das", sagt er feierlich, „ist größer als groß."
Dann marschiert er wieder los.

Der Hirte und die gute Fee

Ein Märchen aus Italien, neu erzählt

Ein Hirte führte seine kleine Schafherde auf eine saftige Wiese nahe dem Meer, da entdeckte er im Gras Wäsche, die jemand zum Trocknen ausgebreitet hatte.

Als die Wäsche trocken war, sammelte der Hirte sie Stück für Stück ein und legte sie auf einen Felsen.

Nach einer Weile erschien ein Mädchen aus dem Wald und hielt Ausschau nach den Kleidungsstücken. Der Hirte führte sie zum Felsen und gab ihr die getrocknete Wäsche zurück.

„Deine Freundlichkeit soll belohnt werden", sagte das Mädchen. „Was verlangst du für deinen Dienst?"

Der Hirte lächelte verlegen. Er wusste keinen Wunsch zu nennen.

„Lass gut sein", sagte er zum Mädchen, das eine Fee war. „Ich habe es gern getan."

Die Fee schaute seine Herde an und sagte: „Geh nach Hause und ruf deinen Schafen zu: ‚Aus dem Meer, das ist nicht schwer!'"

Dann ging sie zurück in den Wald.

Der Hirte tat, was das sonderbare Mädchen befohlen hatte.

Er versammelte seine kleine Herde um sich und machte sich auf den Heimweg. Nach wenigen Schritten rief er: „Aus dem Meer, das ist nicht schwer!"

Da blökte es von allen Seiten und je öfter der Hirte die Worte der Fee aussprach, umso mehr Schafe versammelten sich um ihn.

Er drehte sich um und sah, dass viele Schafe, weiße und schwarze, aus dem Meer herauskamen und ihm folgten. Sie stiegen aus dem Wasser und schlossen sich seiner Herde an.

So wurde der Hirte durch die Dankbarkeit einer Fee reich beschenkt und er lebte glücklich und zufrieden bis an sein Lebensende.

Caorle am Meer

Caorle liegt am Meer,
das gefällt mir sehr.
Caorle ist ein kleiner Ort.
Ich bin gerne dort.
Man steht am weiten Strand
und begrüßt den Meeresrand.
Man spaziert durch die alten Gassen
und kann die Ruhe Ruhe sein lassen.
Am schönsten ist es dort ohne Leute,
zum Beispiel im Winter – oder heute!

Kater Caorle

Kater Caorle liebt das Meer.

Wenn er einen Tag lang aufs Meer schaut, wird sein Fell blau.
Meerblau.

Manchmal hüpft er auf ein altes Brett und lässt sich über die Wellen
schaukeln. Einmal hat er dabei sogar einen Fisch gefangen.

Kater Caorle ist ein mutiger Kater. Und er ist ein alter Seefahrer.
Ein Katzenpirat.

„Reden wir nicht darüber", sagt Kater Caorle. Aber wenn dann eine
streunende Strandkatze neben ihm sitzt, redet er doch darüber. Er erzählt
vom Überfall auf die Kokosnussinsel. Und vom vergrabenen Schatz. Und
vom Schiff der verzauberten Katzen.

Zu Mittag isst Kater Caorle Fisch. Wozu lebt man am Meer?

Dann schläft Kater Caorle. Er hat schöne meerblaue Träume.

Er träumt von der Piratenprinzessin, die er nie kennengelernt hat.

Am Nachmittag geht Kater Caorle – das Fell noch halb blau – zu Pippo.
Pippo hat das beste Eis in der Stadt.

Kater Caorles Fell wird jetzt bananengelb und pistaziengrün.

Am Abend liegt Kater Caorle wieder am Strand. Sein bester Freund kommt, Kater Rimini.

Sie schauen lange zu den Sternen hinauf.

„Schau dir das an!", sagt Kater Caorle.

Oben schwebt – strahlend und funkelnd – eine Sternenkatze.

„Meine Piratenbraut!", flüstert Kater Caorle.

Er wird ganz andächtig.

„Jetzt glaub ich auch daran", flüstert er.

„Woran?", fragt Kater Rimini, der kaum den Kopf gehoben hat. „Woran glaubst du?"

„An Piraten", sagt Kater Caorle. „Und an die Liebe."

Dann schlafen sie beide – und das Meer rauscht und rauscht, dass man es bis hierher hören kann.

Schneckenhaus

Ein Schneckenhaus schimmert im Sand.

„Schau, ein Schneckenhaus!", sagt Eleni und nimmt es in die Hand.

Da rieselt Sand aus dem Schneckenhaus und Eleni und ich
wachsen und wachsen und wachsen mit dem großen Berg
von Sand, der aus dem Schneckenhaus rieselt.

Eleni hält noch immer das Schneckenhaus in der Hand.

„Schau", sagt sie. „Jetzt ist es leer."

Wir sind den Wolken nah und dem Himmel.

Noch nie konnten wir so weit übers Land sehen.

„Wie kommt ein Berg ins Schneckenhaus?", fragt Eleni.

Ich nehme ihre Hand, aber das ist keine Antwort.

„Ich weiß es nicht", sage ich. „Aber schau, wie schön der Himmel ist!"

Vögel fliegen an uns vorbei, der Wind spielt mit unseren Haaren und mit
den Wolken.

„Ich kann bis zum Meer sehen", sagt Eleni.

Ich sehe das Blau in der Ferne glitzern.

Weit hinten, auf den hohen Bergen, liegt Schnee.

Ich zeige es ihr.

„Die Sonne ist größer geworden", sagt Eleni.

Wir blinzeln beide in die Sonne.

„Wir sind ihr nur näher als sonst", sage ich und binde ihr zum Schutz ihr
Piratentuch um.

Wir stehen still auf dem Berg aus Sand und schauen in alle Richtungen.

Es gibt viel zu sehen.

Wir drehen uns nach allen Seiten.

„Ein Schiff auf Rädern!", ruft Eleni.

„Ein Nebelpferd!"

„Ein Schloss aus Silberstaub!"

„Ein Berg mit Löchern!"

„Drei Eisbärenkinder auf einem Turm!"

„Ein Riese mit einer Blume!"

Eleni sieht viel mehr als ich.

„Ich bin müde. Ich möchte nach Hause", sagt Eleni nach einer Weile.

Sie sagt es zu mir und sie sagt es zum Schneckenhaus.

Da rieselt der Sand ins Schneckenhaus zurück und wir sinken und

sinken und sinken mit dem Berg aus Sand, der immer kleiner wird.

Bis wir wieder auf dem Boden stehen.

Genau dort, wo wir das Schneckenhaus gefunden haben.

Eleni legt das Schneckenhaus in den Sand.

„Damit es auch andere finden können", sagt sie.

„Gute Idee!" Ich gebe Eleni einen Kuss.

Dann gehen wir heimwärts.

Einmal drehen wir uns noch um.

Ein Schneckenhaus schimmert im Sand.

Die Königin des Meeres

Ein Märchen aus Italien, neu erzählt

Es waren einmal zwei Schwestern, die hatte das Leben in zwei Richtungen geführt.

Die eine war reich und konnte sich alles leisten.

Die andere war arm und hatte viele Kinder zu versorgen.

So kam es, dass die arme Schwester als Dienstmagd im Haus der reichen Schwester arbeiten musste, um ihre Familie ernähren zu können.

Eines Tages, als sie gerade einen Brotteig knetete, zupfte eine ihrer Töchter an ihrer Schürze und sagte: „Darf ich ein kleines Stück vom Teig haben? Ich möchte mir daraus ein gutes Brot machen."

„Da hast du!", sagte die Mutter, die vor Arbeit nicht aus noch ein wusste. „Ich habe viel zu tun.

Geh jetzt aus der Küche, von mir aus bis ans Ende der Welt, und back dir daraus ein Brot!"

Die Tochter lief mit dem Teig aus der Küche.

Sie dachte an die Worte der Mutter und machte sich auf, bis ans Ende der Welt zu gehen.

Sie wanderte und wanderte viele Stunden, bis sie an einen Strand kam.

Der Weg endete am Meer.

„Jetzt bin ich wohl am Ende der Welt!", sagte das Mädchen zu sich.

Da hoben sich die Wellen vor ihren Augen und eine wunderschöne Frau trat aus dem Wasser.

Viele Mädchen folgten ihr.

Es war die Königin des Meeres mit ihrem Gefolge.

„Was suchst du hier?", fragte sie das Mädchen.

„Meine Mutter sagte, ich soll diesen Teig zu Brot backen, am besten am Ende der Welt. Könnt ihr mir helfen?"

Die Königin des Meeres gab ein Zeichen und im Nu brannte ein Feuer am Strand.

In diesem Feuer wurde der Teig gebacken, bis das Mädchen duftendes knuspriges Brot in den Händen hielt.

„Iss dein Brot und denke an mich. Wann immer du in Gefahr bist dann rufe mich und ich werde dir beistehen."

Nach diesen Worten verschwand die Königin mit ihrem Gefolge wieder im Meer.

Das Mädchen aß das Brot und machte sich auf den Heimweg.

Als die durch einen dunklen Wald ging, wurde sie von Räubern überfallen. Sie nahmen ihr alles weg, was sie bei sich trug, und einer fuhr ihr mit einer Fackel so nah zum Gesicht, dass er ihre Augen verletzte und sie nichts mehr sehen konnte.

So irrte das Mädchen blind durch den Wald.

Da fand sie ein Königssohn, der mit seinen Freunden auf der Jagd war.

Er lud sie ein, mit ihm auf sein Schloss zu kommen, um sie gut zu versorgen.

Der Königssohn war von der ersten Sekunde an verliebt in das mutige Mädchen, das ganz allein durch die Welt lief.

Er ließ alle Doktoren seines Landes zusammenkommen, aber keiner konnte ihr das Augenlicht zurückgeben.

Da erinnerte sich das Mädchen an die Königin des Meeres und ihr Angebot.

„Schöne Königin des Meeres", flüsterte sie eines Abends in ihrem Zimmer.

„Ihr habt versprochen, mir beizustehen, wenn ich in Not gerate. Nun ist mir Schreckliches widerfahren. Könnt Ihr mir helfen?"

Sie dachte an die Begegnung mit der Königin und ihrem Gefolge am Ende der Welt und über diesen Erinnerungen schlief sie ein.

Als sie erwachte, schlug sie die Augen auf, und – ein Wunder war geschehen! Sie konnte den Königssohn sehen und sein Schloss, sie hatte ihr Augenlicht wieder und alles schien ihr sogar noch schöner als je zuvor!
Die Königin des Meeres hatte in der Nacht zwei leuchtende Sterne vom Grund des Meeres geholt und sie dem Mädchen geschenkt.
So hatte sie nun strahlend schöne Augen und wer immer ihrem Blick begegnete, schloss sie sofort in sein Herz.
Der Königssohn ließ ihre Mutter und ihre Geschwister holen und bat sie, in seinem Schloss zu wohnen. Weinend fiel die Mutter ihrer Tochter in die Arme. Sie hatte sich große Sorgen um sie gemacht und überall nach ihr gesucht.
Was hatten die Jahre im Haus ihrer reichen Schwester nur aus ihr gemacht?
Nun würde ein neues Leben beginnen …
Der Königssohn und das Mädchen freuten sich über ihr Glück.
Bald gab es eine Hochzeit und alle staunten, als auch eine schöne unbekannte Frau mit ihrem Gefolge erschien und dem Brautpaar ihre Aufwartung machte …

Jonah und die Schildkröte

Ich bin eine Runde schwimmen", rief Jonah, das kleine Seepferdchen.

Er lauschte. Die anderen schienen zu schlafen.

„Nimm dir etwas zu essen", hörte er die Stimme seiner Mutter. „Im Kühl-schrank findest du bestimmt etwas."

Jonah schwamm ins Freie.

Hmm, tat das gut, die warme Strömung zu spüren.

Jonah ließ sich treiben.

In einem Felsspalt blinkte etwas auf.

War da jemand? Brauchte jemand Hilfe?

Jonah schwamm vorsichtig näher. Er war jetzt direkt vor dem Felsen.

Da! Jonah zuckte zurück.

Damit hatte er nicht gerechnet.

Vor ihm war noch ein Seepferdchen!

Jonah betrachtete das Seepferdchen vor ihm. Es sah genauso aus wie er.

Jonah machte eine kleine Bewegung zur Seite.

Das andere Seepferdchen machte es ihm nach.

„Was willst du?", fragte Jonah. „Wer bist du? Ich habe dich noch nie hier gesehen."

Er versuchte einen Trick. Er drehte sich um und schwebte plötzlich mit dem Kopf nach unten im Wasser.

Das andere Seepferdchen hatte sich ebenfalls gedreht.

Jetzt schauten sich beide verdutzt an, mit dem Kopf nach unten …

„Wer ich bin? Willst du das wirklich wissen?", fragte eine alte müde Stimme, die aus dem Felsen zu kommen schien.

Jonah wich erschrocken zurück.

Da sah er, dass sich etwas unter dem Felsen bewegte.

Das andere Seepferdchen war auch zurückgewichen.

So wie Jonah schaute es neugierig nach unten.

Im weißen Sand – dort, wo der Felsen anfing – saß eine große alte Schildkröte.

„Du willst wissen, wer ich bin?", fragte sie. „Ich bin Runa, die Meeres-schildkröte. Und wer bist du?"

„Ich bin Jonah", wisperte Jonah. Ihm war, als hätte er plötzlich seine Stimme verloren.

„Und weißt du, wie das andere Seepferdchen heißt, das du vor dir siehst?", fragte die Schildkröte.

Jonah schüttelte den Kopf.

„Ich will es dir verraten", sagte die alte Schildkröte. „Dieses andere kleine Seepferdchen heißt auch Jonah."

„Was?!" Jonah schwamm aufgeregt auf Runa zu.

Das andere Seepferdchen kam auch näher.

„Wie ist das möglich?", fragte Jonah. „Es sieht so aus wie ich, es bewegt sich wie ich und es heißt wie ich?"

Das gefiel ihm gar nicht.

„Ich brauche keinen Doppelgänger", sagte er laut.

Das andere Seepferdchen schüttelte genauso energisch den Kopf wie Jonah.

„Das ist ein Spiegel, mein kleiner Freund", sagte Runa. „Schau! Da ist der Rahmen. Hier hört der Spiegel auf. Irgendjemand hat diesen schönen alten Spiegel ins Wasser geworfen und er ist in diesem Felsspalt

steckengeblieben. Jetzt können wir uns den ganzen Tag lang selbst anschauen. Dieser andere Jonah, das bist du selbst! Hast du noch nie einen Spiegel gesehen?"

Jonah schüttelte den Kopf.

Er grinste. Der andere Jonah grinste auch.

Jonah probierte ein paar rasche Bewegungen vor dem Spiegel.

Der andere Jonah machte alles nach …

„Kannst du das?", fragte Runa. Sie drehte einen Salto im Wasser.

„Bravo!", rief Jonah. Dann versuchten sie es gemeinsam, so lange, bis Jonah schwindlig wurde.

„Du kannst mich jederzeit besuchen kommen", sagte Runa und schnappte nach Luft. „Ich wohne hier. Wenn du kommst, dann freue ich mich."

„Ich komme bald wieder", rief Jonah. „Aber jetzt muss ich nach Hause."

Dann machte er sich auf den Heimweg.

Unterwegs probierte er noch ein paar Kunststücke …

DIE MAGISCHE INSEL

Es gibt magische Orte. Davon bin ich überzeugt.

An solchen Orten passieren wundersame Dinge, die man nicht erklären kann.

Einer dieser magischen Orte ist für mich die griechische Insel Paros. Schon oft bin ich von Athen aus mit der Fähre auf die Insel gefahren, um dort ein paar Wochen zu verbringen.

Auch für Samir, unseren Nachbarsjungen, muss die Insel ein besonderer Ort des Glücks sein ...

So steht es zumindest in seinem Tagebuch, das er mir eines Tages gezeigt hat.

Elf Wunder

Diesen Sommer waren wir auf der griechischen Insel Paros.
Wir sind drei Wochen lang geblieben. Das waren ganz besondere Ferien.
Ich habe nämlich mindestens elf Wunder erlebt.
Herr Beckmann, unser Nachbar, sagt immer: „Es gibt keine Wunder."
Aber, bitte, das stimmt nicht.
Hier ist mein Bericht:

1. Wunder:

In der griechischen Stadt Parikia auf der Insel Paros gibt es eine alte
Kirche. Angeblich ist sie die älteste Kirche von Griechenland.
Vor der Kirche stehen viele Bäume. Sehr viele. Und sie alle stehen ganz
schief geneigt. Die Leute sagen: Die Bäume verbeugen sich vor der Kirche.
Das sieht sehr sonderbar aus. Die anderen Bäume im Ort stehen nämlich
ganz normal da.
Wenn das kein Wunder ist.

2. Wunder:

Am zweiten Tag hat mir meine Schwester Nicole ein großes Stück Schokolade gegeben. Einfach so. Sehr ungewöhnlich!

3. Wunder:

Ich habe einen Stein aus dem Meer getaucht. Auf dem Stein sieht man ein großes S. S wie Samir.

Das ist mir noch nie passiert.

4. Wunder:

Plötzlich schmecken mir Oliven. Und wie! Ich könnte nur noch Oliven essen. Dabei habe ich Oliven noch nie gemocht. Bisher.

5. Wunder:

Am siebten Tag unseres Urlaubs sind wir ins Schmetterlingstal gefahren. Dort leben viele Schmetterlinge. So etwas habe ich noch nie gesehen. Hunderte von roten, wunderschönen Schmetterlingen sind durch die Luft geflogen. Ich bin mir vorgekommen wie in einem Traum.

6. Wunder:

Ich bin mitten in der Nacht aufgewacht und konnte nicht mehr einschlafen. Da bin ich hinaus auf den Balkon gegangen. Das Meer hat laut gerauscht. Es war stockdunkel. Aber oben am Himmel – da gab es Millionen von Sternen. Und man hat alle leuchten gesehen. Ich habe gewartet, ob ich eine Sternschnuppe sehe. Damit ich mir etwas wünschen kann. Und dann waren es gleich drei hintereinander!

7. Wunder:

Einer meiner Wünsche ist in Erfüllung gegangen.

Der alte Fischer, der im Haus neben uns wohnt, hat mich gefragt, ob ich einmal mit ihm hinausfahren will. Mein Vater kam auch mit.

Wir haben uns den Wecker gestellt und sind mitten in der Nacht hinaus aufs Meer gefahren.

Wir haben viele kleine silberne Fische gefangen und auch ein paar Tintenfische waren im Netz. Das Meer ist mir unglaublich ruhig und weit vorgekommen.

Ich habe ganz still im Boot gesessen und mein Herz klopfen gehört vor Aufregung.

8. Wunder:

Ich habe einen hohen Turm aus Sand gebaut. Er war fast so groß wie Nicole. Als wir am nächsten Tag zum Strand gekommen sind, hat mein Turm immer noch gestanden.

Das Meer hat ihn einfach in Ruhe **gelassen** ...

9. Wunder:

Ich war mit meiner Mutter schnorcheln.
Da ist ein Seepferdchen vor mir aufgetaucht. Ich wagte
mich kaum zu bewegen. Es hat mich lange angeschaut,
dann ist es weitergeschwommen ...

10. Wunder:

Meine Schwester Nicole, die sonst nie viel mit mir redet, hat mir heute
erzählt, dass sie in Michael aus ihrer Klasse verliebt ist.
Und sie hat in der Früh mein Bett gemacht, was noch nie in meinem
ganzen Leben vorgekommen ist.

11. Wunder:

Der Urlaub war richtig schön. Wir waren fast jeden Tag am Strand.
Das Schönste aber an den Ferien war, dass meine Eltern so gut wie nie
gestritten haben. Nur einmal, beim Abendessen.
So friedlich sind sie sonst nie. Normalerweise streiten sie im Urlaub sogar
noch mehr als zu Hause.
Dieses Mal haben sie sogar miteinander geschmust. Ich glaub, es ist ihnen
richtig gut gegangen.
Und Nicole war kaum wiederzuerkennen. Vielleicht war das eine Doppel-
gängerin von ihr. Denn diese Nicole, die war echt nett.

„Es gibt keine Wunder", sagt Herr Beckmann immer.
Aber was war das dann? Hm.
So viele Wunder auf einmal ...
Da kann man sich nur wundern.

Abendstimmung

Glühendrot der Sonnenball
will ins Meer versinken.
Und die Fluren überall
Tau und Frieden trinken.
Leise wiegt die Knospe sich
an dem braunen Zweige ...
Traumhaft kommt sie über mich,
Sehnsucht tief und wunderlich,
geht der Tag zur Neige.

Clara Müller-Jahnke

Ruhe!

Ruhe!
Genug gerauscht!",
rief Otto, die Möwe,
dem Meer zu.
„Ich will jetzt schlafen.
Sieht hier keiner,
dass ich schon meinen Pyjama anhabe?"
„Entschuldige", sagte das Meer
und sein Rauschen
wurde immer
leiser …

Im Meer

Ich habe eine Wasserschildkröte gesehen.
Tief unten im Meer.

Jetzt steht die Zeit still.

Als das Meer müde wurde

Eines Tages wurde das Meer müde, unendlich müde. Es hörte auf, sich
zu wiegen, keine Wogen und Wellen zogen über den Strand, die Schiffe
standen im Wasser.
Die Fische hörten auf zu schwimmen, alles war still und ruhig und
ohne Bewegung.
Der Wind hielt inne über dem Meer, die Möwen saßen – hell leuchtend –
auf dem Wasser, das wie ein Spiegel dalag. Kein Schreien und Krächzen
war zu hören, kein Flügelschlag, kein Sausen und Brausen, keine
Meeresflut schlug gegen die hohen Felsen, kein fernes Rauschen war zu
vernehmen, wenn man von der Ebene zum Meer kam.
Alle, die aus dem Lärm der Stadt an den Strand geflüchtet waren, standen
in der unglaublichsten Stille, einer Stille, wie sie keiner kannte.
„Das Meer schläft", dachten die Leute. Laut zu sprechen wagte keiner.
„Es ist müde geworden", flüsterte ein alter Mann. „Es ist müde geworden
vom Hin und Her, vom Wieder und Wieder, vom Auf und Ab, vom Immer
und Immer, vom Hier und Fort. So viele Geschichten hat uns das Meer
schon erzählt. Und nun erzählt uns das Meer von der Stille. Es zeigt uns,
was geschieht, wenn es aufhört zu reden."

Allmählich, je länger das Schweigen des Meeres andauerte, wurde den Menschen die Stille unheimlich.

Sie bekamen Angst, sie wollten das Meer wieder in Bewegung sehen.

„Wir brauchen dein Hin und Her, dein Wieder und Wieder, dein Auf und Ab, dein Immer und Immer, dein Hier und Fort!", rief ein Mann endlich laut in die Stille hinein.

Alle blickten gespannt auf das weite, stille Meer.

Nichts geschah.

„Es ist müde", sagte der alte Mann zu den anderen und es klang fast ein wenig entschuldigend. „Es ist alt – und es ist müde. Das müsst ihr verstehen."

Einige nickten, andere aber wurden ungeduldig.

„Ich muss auf diese Insel dort, ich habe zu tun", sagte der Arbeiter.

„Ich will auf die andere Seite der Welt", sagte der Reisende.

„Ich möchte meinen Freund besuchen", sagte die Verliebte.

„Ich will, ich muss ...", murmelte der Alte. „Das Meer muss sich ausruhen, so einfach ist das."

Sie standen lange am Strand und der Wind hielt den Atem an, die Möwen vergaßen ihr Schreien, die Fische beobachteten ihren Schatten auf dem Grund und der hohe Felsen ragte weit aus den Wellen.

Und das Meer, das weite, ewige Meer, lag da, hielt die Augen geschlossen und lauschte der Stille, die es selbst so lange nicht mehr gehört hatte.

Beinahe hätte es lachen müssen über die Ratlosigkeit und die Ungeduld der kleinen, aufgebrachten Menschen am Strand.

Und dann, langsam, ganz langsam, noch bevor es Abend wurde, seufzte das Meer. Es seufzte tief und lang, und das Seufzen reichte tief hinab bis zu den letzten Wurzeln des Meeres.

Tausende Meter tief hinab reichte das Seufzen des Meeres und alle Lebewesen des Meeres, die Muscheln und Korallen, die Tintenfische und Delfine, die Seepferde und Krebse, die Gräser und Algen, sie alle spürten dieses Seufzen.

Dann kam das Meer wieder in Bewegung. Ein sanftes Wiegen und Schaukeln war es zunächst, dann ein Sausen und Brausen, die Wogen und Wellen zogen wieder über den Strand, die Flut schlug gegen die hohen Felsen, die Schiffe tanzten über den hohen Wellen, die Fische blitzten silbern unter der Wasseroberfläche und die Möwen suchten kreischend nach Futter.

Die Menschen am Strand lachten und umarmten einander, sie sangen und tanzten vor Freude.

Der Arbeiter fuhr auf seine Insel, der Reisende fuhr auf die andere Seite der Welt. Und die Verliebte besuchte ihren Freund.

Der alte Mann stand noch lange am Strand.

Als es schon dunkel war und der Mond ihn ansah, sagte er laut: „Ich danke dir, altes, müdes, kraftvolles Meer. Ich danke dir für deine Geschichten, die du uns erzählst. Und ich danke dir für die wunderbare Stille, die du uns gebracht hast, diese gewaltige, unendliche Stille. Du weißt, wie das Leben ist, was es war und was es sein wird. Du zeigst es uns vor – ein Hin und Her, ein Wieder und Wieder, ein Auf und Ab, ein Immer und Immer, ein Hier und Fort."

Dann machte der alte Mann etwas sehr Sonderbares. Und er hätte es auch gemacht, wenn es nicht schon dunkel gewesen wäre. Er machte eine kleine, feierliche Verbeugung vor dem großen Meer.
Daraufhin ging der Alte langsam nach Hause. Er ging in sein kleines Haus am Rande des Meeres.
Noch lange hörte er – wach im Bett liegend – die Wellen und Wogen, die über den Strand zogen, das Sausen und Brausen der Flut, die gegen die hohen Felsen schlug.
Der Alte lag im Bett wie in einer Wiege, wie ein Kind, und hörte dem Meer zu, wie früher als kleiner Junge, und das ferne, immer fortwährende Rauschen wiegte ihn sanft in den Schlaf.

SO NICHT!

Es gibt seltsame Leute. Die sind am schönsten Platz der Welt und merken nicht, dass sie laut und unfreundlich sind.

Kommen polternd daher, setzen sich einfach – ohne links und rechts zu schauen – und spüren nicht, dass sie stören.

Hm. Da wird es auch am schönsten Platz ungemütlich.

Gut, wenn dann jemand den Mund aufmacht und sagt, dass das so nicht geht!

Besondere Plätze wollen einfach besonders behandelt werden!

Na und?

Na und?", sagt der Riese und trinkt das Meer leer.

Dann rülpst er.

Er schiebt ein paar Wolken zur Seite und setzt sich auf den nächsten Berg.

„Flegel!", ruft ein Eichhörnchen und hüpft und hüpft und hüpft auf seinem linken Fuß hoch bis zum Knie.

Es schaut den Riesen mit funkelnden Augen an.

„Hast du keine Manieren?"

„Was ist das?", fragt der Riese erstaunt.

„Schauen, wo man sich hinsetzt. Wissen, dass man nicht allein auf der Welt ist", sagt das Eichhörnchen.

„Na und?", sagt der Riese.

Mehr fällt ihm nicht ein.

Da fliegt ein Vogel vorbei und lässt einen dunklen Haufen fallen.

Der Haufen landet genau auf dem Kopf des Riesen.

„Bäh!", ruft der Riese und springt auf.

Wütend schaut er dem Vogel nach.

„Hast du keine Manieren?"

„Na, also", sagt das Eichhörnchen und hüpft zurück auf den Boden.

Es winkt dem Vogel freundlich zu.

„Besser hätte ich es auch nicht sagen können."

Das Eichhörnchen summt vergnügt vor sich hin und hüpft davon.

Der Riese schaut ihm lange nach.

„Komischer Tag", sagt er nachdenklich.

Er rückt – mit den Fingerspitzen – die Wolken ringsum zurecht und setzt sich vorsichtig auf einen Hügel.

AM WASSER

Ob sprudelnde Quelle, kleiner Bach oder breiter, schimmernder Fluss,
ob Regenpfütze, Teich oder See – ich bin gern am Wasser.
Auch wenn es nicht das Meer ist. Auf dem See Boot fahren, im
Badeteich schwimmen, sich bei einer Wanderung mit kaltem
Gebirgswasser das Gesicht erfrischen – das Wasser weiß von vielen
guten Plätzen zu erzählen, auch in alten Märchen …

Die verzauberte Prinzessin

Ein Märchen aus Italien, neu erzählt

Es war einmal ein Königreich, in dem sich alle nur noch flüsternd unterhielten. Im ganzen Land hörte man keinen lauten Ton, alle schlichen auf Zehenspitzen über die Straßen und Wege und wenn einer nur ein klein wenig die Stimme erhob, dann sahen ihn die anderen mahnend an. Was war geschehen?

Die Tochter des Königs war erkrankt, schwer erkrankt, viele sagten, sie sei verzaubert. Sie schlief und schlief und konnte kaum die Augen öffnen, so unendlich müde war sie.

Um ihren Schlaf nicht zu stören, hatten zunächst alle im Schloss begonnen, so leise wie möglich zu sein. Bald war es im ganzen Land so still, dass es Reisenden, die des Weges kamen, beinahe unheimlich zumute war und sie das Land wieder schnell verließen.

Schon lange hatte niemand mehr gelacht im ganzen Land.

„Wir müssen etwas tun", sagten die Königin und der König und versprachen eine hohe Belohnung für jeden, der ihre Tochter von ihrer geheimnisvollen Krankheit heilen könne ...

Ein junger Mann, der seine Eltern früh verloren hatte und der an Geld nicht schwer zu tragen hatte, da seine Taschen leer waren, zog in jener Zeit durch das Land und hörte von der kranken Prinzessin.

Er beschloss erst einmal im Wald zu übernachten, da würde er schon ein weiches Bett finden.

Im Wald traf er auf einen Einsiedler, der auf einer Hütte auf einem hohen Baum lebte und ihn freundlich zu sich in sein luftiges Haus lud ...

Der Einsiedler gab dem Gast Früchte zu essen und freute sich, einen Gast zum Plaudern zu haben.

In der Nacht hörte der junge Mann ein leises Wispern zwischen den Ästen und Zweigen. Er sah von seiner Hütte aus, dass sich auf den Baumwipfeln

im Wald ringsum die Waldfeen trafen und hörte sie
über die kranke Prinzessin reden.
„Die Menschen sind zu dumm", sagte eine der Feen.
„Ein kleiner Schluck von der
Quelle, die unter
dem großen

Baum entspringt – und schon wäre
die kranke Prinzessin gesund. Aber
die Menschen vertrauen lieber auf ihre
selbst gebrauten Zaubertränke und ihre erfundenen
Sprüche ... Sie wollen nicht mehr auf uns hören!"
Zornig verschwanden sie in der Dunkelheit.
Der junge Mann schlief beruhigt ein.
Am nächsten Morgen bat er den Einsiedler ihm beim Graben
zu helfen.
Sie legten die Wurzel des großen Baumes frei – und schon
schoss eine klare Quelle aus dem Boden.
„Diese Quelle wird dir guttun", sagte der junge Mann zum
Einsiedler. „Und auch mir wird sie Glück bringen. Das habe
ich heute in der Nacht geträumt. Trink nur recht viel aus ihr!"
Der Einsiedler war glücklich und bedankte sich.
Der junge Mann füllte einen Krug voll mit dem Wasser der
Quelle, dann machte er sich auf den Weg zum Schloss.

Er gab sich als Arzt aus und wurde sofort zur kranken Prinzessin vorgelassen.

Lange schaute er ihr schönes schlafendes Gesicht an.

Dann weckte er sie vorsichtig und half ihr, in kleinen Schlucken vom Wasser der Quelle zu trinken.

Schon nach wenigen Minuten veränderte sich ihre Gesichtsfarbe, sie bekam rote Wangen, öffnete weit ihre Augen und setzte sich im Bett auf.

Noch an diesem Tag war sie geheilt.

Der junge Mann wurde ein berühmter Arzt, der alle Krankheiten heilen konnte. Immer wieder verschwand er nachts im Wald, um sich von den Waldfeen neue Heilmittel zeigen zu lassen, Gräser und Kräuter und Quellen und magische Steine ...

Bald hörte man alle wieder laut lachen und reden und singen im Königreich.

Die Prinzessin verliebte sich in den jungen Mann und so wurde er zum neuen König ...

Bei der Hochzeit saßen auch der Einsiedler und die Waldfeen am Tisch, unsichtbar für alle anderen Gäste ...

Für das junge Königspaar begann ein langes, glückliches Leben.

Und wenn sie nicht gestorben sind, dann leben sie noch heute.

Willst Du aber die Quelle im Wald sehen,
musst du dreimal um die Ecke gehen,
dreimal verkehrt herum stehen,
dreimal jede Wurzel drehen ...

Fred und das Gewitter

Der Himmel ist schwarz.
Der Regen prasselt
aufs Dach.
„Was für ein Gewitter!",
denkt Cornelia. „Gut, dass
Fred da ist."
Aber Fred ist nicht da.
Cornelia geht durch die Wohnung.
Fred ist verschwunden.
Cornelia sucht ihn unter dem Schreibtisch.
Dann unterm Küchentisch, unterm Bett und hinter den Blumen.
Keine Spur von Fred.
Sie schaut im Kleiderschrank nach.
Und sogar auf dem Klo.
Fred ist nicht zu finden.
Draußen donnert es.
Cornelia geht nachdenklich ins Badezimmer, um sich die Hände
zu waschen.
Wo konnte Fred nur sein?
Da tauchen zwei Ohren über dem Rand der Badewanne auf.
Fred hat sich aus Angst vor dem Gewitter in der Badewanne versteckt.
Cornelia holt sich einen Stuhl und ein Buch und setzt sich zu Fred
ins Badezimmer.
„Einverstanden", sagt Cornelia. „Solange das Gewitter dauert, passe
ich auf dich auf. Ich beschütze dich. Aber dann bist du wieder an
der Reihe ..."

Die Badewanne

Die Badewanne prahlte sehr.
Sie hielt sich für das Mittelmeer
und ihre eine Seitenwand
für Helgoländer Küstenland.
Die andre Seite – gab sie an –
sei das Gebirge Hindostan,
und ihre große Rundung sei
bestimmt die Delagoabai.
Von ihrem schmalen Ende vorn
erklärte sie, es sei Kap Horn.
Den Kettenzug am Regulator
hielt sie sogar für den Äquator.
Sie war – nicht wahr, das merken Sie? –
sehr schwach in der Geographie.
Dies eingebildete Bassin,
es wohnte im Quartier latin.

Joachim Ringelnatz

Der Mond im Brunnen

Ein Märchen aus dem Orient, neu erzählt

Eines Abends, die Luft war klar und die Nacht war hell, wurde Nasreddin von seinen Eltern zum Brunnen geschickt, um kühles Wasser zu holen.

Die Sterne strahlten hoch über seinem Kopf und die Wiesen schimmerten im Mondlicht.

Nasreddin schaute lange in den Himmel und freute sich über die schöne Sommernacht.

Schließlich beugte er sich mit seinem Eimer über den Brunnen, um Wasser zu schöpfen.

Aber was war das! Erschrocken wich er zurück!

Der Mond, den er eben noch am Himmel bewundert hatte, war ins Wasser gefallen!

Er leuchtete ihm nun aus der Tiefe des Brunnens entgegen!

Das ganze Wasser schimmerte hell …

„Ich muss den Mond retten!", sagte Nasreddin zu sich. „Jetzt heißt es mutig sein und rasch handeln!"

Er band seinen Eimer an einen langen Strick und warf den Eimer so tief er nur konnte in den Brunnen, tief hinab, dort, wo er den Mond leuchten sah.

„Ich hole dich heraus!", rief Nasreddin dem Mond im Wasser zu und dann zog und zog er am Strick, dass ihm fast die Luft wegblieb.

„Bist du schwer!", rief Nasreddin dem Leuchten in seinem Eimer zu, während er zog und zog.

Auch wenn er sich noch so anstrengen musste – er durfte jetzt nicht aufgeben!

Da, plötzlich – mit einem Ruck – riss der Strick und Nasreddin landete auf dem Boden. Der Eimer polterte zurück ins Wasser.

Nasreddin saß auf dem Boden und schaute verwundert in den Himmel.

Da war er ja wieder, der Mond!

Strahlend und prachtvoll stand er am Himmel, so, als ob nichts geschehen wäre!

„Ich habe es geschafft!", jubelte Nasreddin. „Ich habe den Mond gerettet!"

Rasch lief er nach Hause, ohne kühles Wasser, aber frohen Herzens.

„Der Mond ist ins Wasser gefallen! Ich habe den Eimer hineingeworfen und ihn herausgezogen", erzählte er seinen Eltern aufgeregt. „Das Seil ist gerissen, aber ich habe es geschafft!"

Er zeigte stolz aus dem Fenster.

Groß und rund stand der Mond überm Dorf.

„Du hast den Mond im Wasser gesehen?", fragte der Vater.

„So ist es!", nickte Nasreddin. „Der Mond war im Brunnen."

Der Vater seufzte.

„Und der Eimer ist weg?", fragte sein Vater.

„Der Eimer ist weg", sagte Nasreddin. „Aber der Mond ist da!"

„Dann wollen wir zufrieden sein", sagte Nasreddins Mutter.

Lange standen sie alle drei am Fenster und schauten auf das Leuchten über ihnen.

Der Zauberer und das Wasser

Ein Märchen aus Slowenien, neu erzählt

Es waren einmal ein Mann und eine Frau, die lebten als einfache Bauern auf dem Land.

Während sie eines Tages beide auf dem Feld bei der Arbeit waren, kamen drei Soldaten und fragten die Frau, ob sie jemanden wüsste, der sich auf das Zaubern verstünde. Die Tochter des Königs sei erkrankt und der König habe sie durch die ganze Welt geschickt, um nach einem Zauberer zu suchen.

„Nun ja, mein Mann kennt sich mit Gräsern und Kräutern aus", sagte die Frau und deutete auf ihren Ehemann.

Die Soldaten traten vor den Mann und sagten: „Der König hat uns geschickt. Seine Tochter ist sehr krank, wir suchen einen großen Zauberer, der sie heilen kann. Du musst mitkommen und uns helfen."

Der Mann wollte zunächst gar nicht mitkommen. Es gäbe viel zu tun auf dem Feld und er sei kein großer Zauberer, rief er, aber die Soldaten drohten, ihn zu fesseln und so ging er mit.

Endlich waren sie im Schloss.

„Meine Tochter ist sehr krank", sagte der König. „Wenn du ein berühmter Zauberer bist, so heile sie und ich werde dich reich belohnen."

Die Haut der Königstochter war überall rau und zerkratzt und mit Wunden bedeckt.

„Gut, mein König", sagte der Mann. „Ich will es versuchen, aber nicht heute, sondern morgen. Ich bin müde vom Reisen und ich brauche alle meine Zauberkräfte."

Die ganze Nacht lang konnte der Mann kein Auge zudrücken. Er hatte schon da und dort kleine Verletzungen geheilt, aber welches Kraut sollte gegen die Krankheit der Prinzessin gewachsen sein?

Da kam ihm eine Idee!

Um das richtige Kraut zu finden, musste er die Prinzessin einfach mit allen Kräutern behandeln, die auf den Wiesen des Landes blühten.

Das richtige heilbringende Kräutlein würde dann schon darunter sein ...

Am nächsten Morgen bat der Mann den König, aus jedem Haus einen Mann mit einem Korb zum Schloss zu schicken.

Es kamen so viele, dass er sie gar nicht zählen konnte.

Gemeinsam gingen sie mit ihm über die Felder und Wiesen. Er wies sie an, von jedem Wiesenkraut, das sie sahen, etwas zu pflücken und in den Korb zu tun. Als alle Körbe gefüllt waren, kehrten die Männer nach Haus zurück.

Im Schlosshof wurden die Körbe geleert.

Ein gewaltiger Kräuterberg lag vor dem Mann, der laut einige Zauberformeln murmelte, um den König zu beeindrucken.

Dann ließ er ein Feuer machen. Er stellte einen gewaltigen Kessel mit Wasser auf und warf alle gesammelten Gräser in den Kessel. Sobald die Gräser aufgebrüht waren, ließ er die Königstochter holen und stellte sie in den wohlriechenden Dampf, der aufstieg.

Den ganzen Tag lang musste sie immer wieder für Minuten im Dampf der Kräuter stehen, dann durfte sie wieder an die frische Luft.

Vor dem Schlafengehen wurde die Prinzessin noch am ganzen Körper mit klarem Brunnenwasser gewaschen.

Am nächsten Morgen sah die Prinzessin so gesund und strahlend schön aus wie aus wie ein leuchtender Apfel. Sie hatte ihre roten Wangen wieder und ihre Haut war weich und geschmeidig ...

Der König war beeindruckt.

„Hier ist noch ein Tee aus Wiesenkräutern", sagte der Mann zur Prinzessin. „Der hilft fast immer. Und vergesst nicht ein tägliches Bad im kühlen Wasser! Klares Wasser kann viele Wunden heilen!"

Er hatte nämlich gesehen, dass sich die Prinzessin nicht gerne wusch und der Staub war es, der sie immer wieder juckte und sie die Haut zerkratzen ließ …

Der König war höchst erfreut und gab ihm eine hohe Belohnung aus seiner Schatzkammer.

Der einfache Bauer wurde als großer Zauberer im ganzen Land verehrt.

Er ging zurück zu seiner Frau und sie hatten

ein gutes und langes Leben.

WINTERZAUBER

Wenn aus Wasser Schnee wird, dann verwandelt sich die Welt
ringsum wie durch Zauberhand …
Ich liebe den Schnee und die Schneeflocken. Wie anders die Welt
im Winter aussieht!
Wie ruhig und still und feierlich schön alles wird …

Schneeflöckchen, Weißröckchen

Schneeflöckchen, Weißröckchen,
wann kommst du geschneit?
Du wohnst in den Wolken,
dein Weg ist so weit.

Komm setz dich ans Fenster,
du lieblicher Stern,
malst Blumen und Blätter,
wir haben dich gern.

Schneeflöckchen, du deckst uns
die Blümelein zu,
dann schlafen sie sicher
in himmlischer Ruh'.

Schneeflöckchen, Weißröckchen,
komm zu uns ins Tal.
Dann bau'n wir den Schneemann
und werfen den Ball.

Hedwig Haberkern

Die drei Spatzen

In einem leeren Haselstrauch,
da sitzen drei Spatzen, Bauch an Bauch.
Der Erich rechts und links der Franz
und mittendrin der freche Hans.
Sie haben die Augen zu, ganz zu,
und obendrüber, da schneit es, hu!
Sie rücken zusammen dicht an dicht.
So warm wie der Hans hat's niemand nicht.
Sie hör'n alle drei ihrer Herzlein Gepoch.
Und wenn sie nicht weg sind, so sitzen sie noch.

Christian Morgenstern

Ein Wintermärchen

Es war einmal ein Schneemann, dem gefiel der Platz nicht, auf dem er stand. Er stand vor einem hohen Haus, mitten in der Stadt, auf einem schmalen Gehsteig.

Der Schneemann lauschte. War da nicht ein Kinderlachen zu hören, auf der anderen Straßenseite, hinter der Kirche?

Der Schneemann holte tief Luft, dann ging er los.

Er schaute nach links und nach rechts und dann noch einmal nach links und nach rechts und dann überquerte er die Straße.

Er ging um die Kirche herum – und tatsächlich!

Hinter der Kirche gab es eine schneebedeckte Wiese und auf dieser Wiese
machten sechs, sieben Kinder eine Schneeballschlacht.
Sie beachteten den großen Schneemann gar nicht, der ihnen eine
Weile zusah.
„Hallo, Kollege", sagte eine helle Stimme.
Der große Schneemann sah sich um. Zwischen zwei Bäumen stand ein
kleiner Schneemann und winkte.
„Gut, dass du da bist", rief der kleine Schneemann. „Jetzt sind wir sechs,
da können wir drei gegen drei spielen."

„Ich verstehe kein Wort", brummte der große Schneemann und stellte sich neben den kleinen Schneemann.

Der sprang vergnügt um ihn herum.

„Ist doch ganz einfach", sagte er. „Gleich kommen vier Freunde von mir. Die wohnen auch in der Nähe. Mit dir und mir sind wir sechs. Wir machen uns einen schönen, festen Schneeball und dann spielen wir Fußball, drei gegen drei. Die Bäume sind unsere Tore."

Er drehte sich Richtung Kirche.

„Da kommen sie auch schon!"

Vier Schneemänner mit karierten Mützen und bunten Schals um den Hals spazierten gemütlich näher.

Minuten später ließen sechs Schneemänner eine große weiße Kugel aus Schnee durch die Luft fliegen. Und neben ihnen flogen viele kleine weiße Bälle über die Wiese.

Die Kinder waren so vertieft in ihre Schneeballschlacht, dass sie gar nicht auf die Schneemänner achteten.

Und die Schneemänner sahen nur noch die Tore und den Ball.

So spielten sie alle nebeneinander an diesem schönen, freundlichen Wintertag.

Und da es ein Märchen ist und alle viel Spaß haben, spielen sie immer noch …

WAS IST DAS?

Es steht fest auf dem Boden und fliegt doch mit dir um die ganze Welt. Es kann ein Raumschiff sein, ein Segelboot, ein Auto und ein Flugzeug. Und doch kommt es nicht vom Fleck.
Was ist es?
Antwort: Das Bett, das mit dir im Traum durch die Luft fliegt.
Das Bett ist ein herrlicher Ort.
Im Bett kann man schlafen, träumen, lesen, sich ausruhen, sich erholen, wenn man krank ist.
Im Bett ist es warm und gemütlich, während draußen der Wind heult.
Bei meiner „Landkarte der glücklichen Orte" muss das Bett unbedingt dabei sein ...

Traum

Der Honigbär
träumt vom Honigmeer.

Dein Arm ist meine Wiege

Dein Arm ist meine Wiege.
Heimlich singst du mir ein Lied,
dass ein Glanz von Glück und Liebe
noch durch meine Träume zieht.

Anna Ritter

Traumreise

Heute hatte ich einen seltsamen Traum.

Ich lag im Bett und schlief.

Da setzten sich plötzlich meine Schuhe in Bewegung.

Sie verabschiedeten sich von meinen Jeans und von meinem T-Shirt, die auf dem Sofa lagen – und dann marschierten sie los. Sie wollten ans Meer oder zumindest an einen See. Das wusste ich im Traum ganz genau.

Später sah ich sie über gelben Sand laufen und springen – und plötzlich schwammen sie im Wasser.

Sie schaukelten über hohe und steile Wellen, sie trieben weit hinaus aufs offene Meer.

Dann wachte ich auf.

Meine Schuhe waren da. Aber – was war das?

Sie waren voller Sand und durch und durch nass.

Und im linken Schuh steckte sogar eine kleine Muschel.

Meine Schuhe waren auf Entdeckungsreise gewesen, während ich in meinem Bett lag und schlief!

Ich setzte mich zu meinen Schuhen auf den Boden.

Ich schaute sie lange freundlich an, dann sagte ich leise: „Liebe Schuhe! Wenn ihr heute Nacht wieder zum Meer geht – dann nehmt mich bitte mit! Und ich glaube, das Bett möchte auch mitkommen!"

Leander

Als Leander schlief, stand der Teil von ihm, der wach war, auf und ging aus dem Zimmer.

Er öffnete keine Türen, er stolperte über keine Treppen.

Barfuß und unverwundbar ging der wache Leander durchs Haus.

Die Stille gefiel ihm.

Dann wollte er zum Fluss.

Der Fluss hatte das Licht der Sonne gespeichert, immer noch wärmte es seinen Rücken.

Leander sah das Schimmern in der Dunkelheit und ging geradewegs darauf zu.

Auf einem Boot würde ein Mädchen kommen, Leander wusste das.

Er setzte sich auf einen weißen Stein und wartete.

Er wartete sieben Blicke lang, dann sah er das kleine Boot auf dem Wasser.

Leander erhob sich.

Das Mädchen steuerte sein Boot geschickt ans Ufer und bat ihn mit einem Nicken einzusteigen.

Dann fuhren sie gemeinsam los.

„Es gibt viel zu sehen", sagte das Mädchen.

„Ich weiß", sagte Leander.

Sie schauten und sie staunten.

„Wohin wird uns die Reise führen?", fragte Leander.

„Dorthin, wo wir noch nicht waren", sagte das Mädchen.

An einer Stelle, die Leander besonders gefiel, sagte er: „Lass uns aussteigen."

Sie stiegen aus und schauten und schnupperten und hielten sich vorsichtig an den Händen.

„Es ist schön hier", sagte das Mädchen.

Sie gingen über die Wiese und sie nahmen sich viel Zeit.

„Ich werde langsam müde", sagte Leander.

„Dann lass uns umkehren", sagte das Mädchen und führte ihn zurück
zum Boot.

Sie stiegen ins Boot und die Strömung des Flusses zeigte ihnen
die Richtung.

Beim weißen Stein stieg Leander aus dem Boot.

Er winkte dem Mädchen lange nach.

Dann ging er zum Haus zurück.

Er kam ins Zimmer, müde von der Reise, und legte sich ins Bett.

Da erwachte der Teil von Leander, der genug geschlafen hatte.

Er gähnte und streckte sich und sprang aus dem Bett, bereit für den Tag.

Wittewoll schlafen

Auf der Leine, auf grünem Platz,
hängen sieben Hemdchen und ein Latz.
In der Ecke, wo's Spinnchen spinnt,
liegt mit großen Augen mein Kind –
wittewoll schlafen?

Henne macht sich ein Bett im Sand,
Fliege träumt an der Mauerwand,
Schmetterling sitzt in der Mittagsruh,
schaukelt die Flügel auf und zu –
wittewoll schlafen?

Suselesu, der Sonnenwind
bläst in die Augen dem müden Kind.
Es will noch blinzeln – Spinnchen hält
den bunten Schleier vor die Welt –
wittewoll schlafen ?

Paula Dehmel

IM KINDERZIMMER

Es kann an vielen Orten schön sein. Bei Freunden, auf dem
Fußballplatz, im Wald, auf der Wiese ...

Am schönsten ist es oft zu Hause, im eigenen Zimmer.

Da kann man spielen, nachdenken, lesen, etwas in sein Tagebuch
schreiben, Musik hören, auf dem Bett liegen. Oder gar nichts tun.

Oft genügt es, einfach die Tür zuzumachen und im Zimmer
zu sein.

Durchatmen. Allein sein. Die Stille genießen. Etwas zeichnen.

Man kann sich auch einen unsichtbaren Hut aufsetzen und sich
Geschichten ausdenken.

Oder mit den alten, weichen Stofftieren kuscheln, die schon
darauf warten ...

Ein Löwe für Max

Die Stofftiere von Max halten eine Versammlung ab.

In seinem Zimmer wird laut gestritten.

„Ihr wisst, dass Max einen Löwen bekommen hat!", ruft das Nilpferd.

„Was sagt ihr dazu?"

„Wir brauchen keinen Löwen", sagt die blau-weiß-gestreifte Maus.

„Brüllen kann ich auch!"

Sie piepst so laut, dass sich alle die Ohren zuhalten.

„Ich kann mir auch eine Mähne machen wie ein Löwe", sagt der kleine braune Hund.

Er zerzaust sich mit den Pfoten seine Haare, bis es so aussieht, als wäre er in einen Wirbelsturm geraten.

„Löwen wollen immer recht behalten", brummt der Bär. „Habe ich nicht recht?"

„Löwen möchten immer besonders elegant sein", sagte der Schwan. „Aber was wirklich elegant ist, das kann ich euch zeigen!"

Er tanzt mit weit ausgebreiteten Flügeln durchs Zimmer.

Als er sich schnell drehen will, fällt er dem Gorilla in die Arme.

„Löwen fressen viel zu viel", sagt der Gorilla. „Der Löwe wird uns keine einzige Banane übrig lassen!"

„Löwen sind viel zu eingebildet", sagt die Katze. Sie gähnt gelangweilt.

„Wer will schon einen Löwen sehen! Wo doch jeder weiß, dass es nichts Schöneres gibt als ein weiches samtenes Katzenfell wie meines!"

„Löwen machen viel zu kleine Schritte", sagt das Känguru. „Bis der Löwe im Wohnzimmer ist, bin ich schon in Australien!"

Es hüpft mit einem Satz von der Tür bis zum Bett.

„Löwen sind dumm", sagt die Eule. „Ich habe noch keinen Löwen gesehen, der ein gutes Buch gelesen hat."

Da geht die Tür auf und Max kommt ins Kinderzimmer.

Er hält einen großen Löwen in der Hand.

Es ist ganz still im Zimmer.

„Also, da bin ich zu Hause", sagt Max zum Löwen.

Er setzt den Löwen zu den anderen Tieren.

„Und das sind deine Spielgefährten. Ich hoffe, du fühlst dich wohl bei uns."

Max verlässt das Zimmer.

„Bis später!"

Sofort bilden alle Tiere einen Kreis um den Löwen.

Sie schauen ihn böse an.

Der Löwe räuspert sich.

„Hallo", sagt er mit leiser Stimme. „Ich bin Leo."

„Wir brauchen keinen Löwen, der herumbrüllt", piepst die blau-weiß-gestreifte Maus.

„Da bin ich aber froh", sagt Leo. „Ich bin oft heiser und brülle überhaupt nicht gern. Nur, wenn es sein muss."

„Ich habe auch eine Mähne wie du", sagt der kleine braune Hund und schüttelt seine zerzausten Haare.

„Schöne Frisur", sagt Leo. „Könnte ich auch mal probieren."

„Ich weiß genau, dass du immer recht haben willst", brummt der Bär laut.

„Habe ich recht?"

„Nein." Leo schüttelt den Kopf. „Keiner hat immer recht."

„Du bildest dir wohl ein besonders elegant zu sein", sagt der Schwan und breitet seine Flügel aus.

„Also, wenn es um Flügel geht, da kann ich nicht mitreden. Das sieht bei dir viel besser aus."

„Ich weiß genau, dass du uns alle Bananen wegfressen willst", ruft der Gorilla.

„Bananen haben mir noch nie geschmeckt", sagt Leo. „Aber bei einem guten Essen bin ich immer dabei. Ich koche auch gerne."

„Ihr Löwen seid so eingebildet", faucht die Katze. „Dabei weiß doch jeder, dass wir Hauskatzen ein viel schöneres Fell haben als ihr … ihr Dschungeltiere!"

„Da magst du recht haben." Leo nickt. „Im Haus bleibt das Fell bestimmt viel schöner und weicher als draußen in der Wildnis."

„Ihr macht viel zu kleine Schritte", sagt das Känguru. „Ich hüpfe dreimal weiter als du."

„Von mir aus", sagt Leo. „Ich war immer schon viel zu faul fürs Herum-springen. Ich habe es lieber gemütlich."

„Was kannst du denn überhaupt?", fragt das Nilpferd, das aufmerksam zugehört hat.

„Hm. Gute Frage." Leo überlegt. „Ich glaube, ich kann ganz gut vorlesen. Und Geschichten erzählen."

„Ha!", ruft die Eule empört. „Du willst eine Ahnung von Geschichten haben? Hast du schon einmal in deinem Leben ein Buch gelesen?"

„Klar", sagt Leo. „Fast jeden Tag. Ich liebe Bücher."

Als Max am Abend ins Zimmer kommt, liegen alle Tiere im Bett.

Der Löwe sitzt auf einem Stuhl neben dem Bett und erzählt eine
Gute-Nacht-Geschichte.

„Ich sehe, ihr versteht euch", sagt Max.

Er schlüpft schnell in seinen Pyjama.

Dann kuschelt er sich zu seinen Tieren ins Bett.

„Lieber Löwe", sagt Max. „Könntest du mit deiner Geschichte noch einmal
von vorne anfangen?"

„Ja, von vorne! Von vorne!", rufen die Tiere durcheinander.

Leo seufzt.

„Also gut", sagt er.

Er hebt seine linke Pfote.

„Es war einmal ein Löwe, der hatte ungewöhnliche Zauberkräfte. Wenn er
seine linke Pfote hob, dann ..."

Leo erzählt und erzählt.

„Morgen bin ich dran mit dem Erzählen", flüstert Max mit müder Stimme.

Dann dreht er sich zur Wand. Und schon ist er eingeschlafen.

Lilli und der Zauberhut

Lilli hat einen unsichtbaren Hut,
der steht ihr wirklich gut.
Sie setzt ihn auf und ist bereit,
alles wird ruhig und groß und weit.
Manche bleiben erstaunt vor Lilli stehen,
sie sagen, sie können den Hut sogar sehen!
Sie finden, es sieht so aus,
als kämen aus den Haaren Töne heraus.

Mit ihrem Hut kann Lilli gut lauschen,
sie hört sogar die Stille rauschen.
Sie hört auch, wie die Zeit verrinnt
und wie da und dort Musik beginnt ...
Da ist ein Summen und Singen,
dort ein Kichern und Klingen.
Da hört man ein lautes Klopfen,
dort fallen leise Regentropfen.
Da ist alles still wie Schnee,
dort platscht etwas in den See.
Da hört man eine Trommel schlagen,
dort ertönt ein leises Klagen.
Da erklingt ein fernes Lachen,
dort lässt es jemand ganz schön krachen.
Da knackst die Schale von einem Ei,
dort streicht wie wild der Wind vorbei.
Da zwitschert Vogelgesang,
dort ist ein Glockenklang.

Lilli hat einen unsichtbaren Hut,
der tut ihr wirklich gut.
Er will sie heut verwöhnen,
mit vielen schönen Tönen.
Er fragt: „Kennst du diese Geschichte schon?"
Und dann beginnt er zu erzählen, Ton um Ton ...

Die Höhle unterm Tisch

Ein Tisch, darüber zwei Decken,
schon kann man sich gut verstecken.
Ein Platz bleibt immer frei.
Für dich. Vielleicht kommst du vorbei …

So tanzen wir!

Wer tanzen will, der steh' nicht still,
darf sich nicht lang besinnen,
immer dreist und wohlgemut
muss er das Ding beginnen.
La la la la.

Herum! Herum! Sieh dich nicht um!
Im Takte muss es gehen!
Muss sich Sonne, Mond und Stern
doch auch im Takte drehen.
La la la la.

So tanzen wir, so tanzen wir,
ganz auf die rechte Weise
immer lustig nach dem Takt,
herum, herum im Kreise.
La la la la.

August Heinrich Hoffmann von Fallersleben

AUF FORSCHUNGSREISE

Auf Reisen kann man viele Orte entdecken.

Manche Plätze sind so schön, dass sie zu Lieblingsplätzen werden können, zumindest für eine kurze Zeit.

Wer unterwegs ist, kommt an viele besondere Orte.

Und man begegnet vielen faszinierenden Menschen.

Gut, wenn man sich mit offenen, neugierigen Augen und einem freundlichen Herzen auf den Weg macht, um Neues, Unbekanntes zu erforschen.

Dem Freundlichen öffnen sich viele Türen ...

In die Ferne

Und ich reite froh in alle Ferne,
über meiner Mütze nur die Sterne!

Johann Wolfgang von Goethe

Ausblick

Soll ich dir die Gegend zeigen,
musst du erst das Dach besteigen.

Johann Wolfgang von Goethe

Die drei Schwestern auf dem fliegenden Dach

Gestern hatte ich eine wundersame Begegnung.

Es war auf dem Fußballplatz. Ich war mit Lukas dort.

Wir haben mit dem Ball geübt, weite Pässe, ein wenig Dribbeln, ein paar Kopfbälle.

Auf einmal starrte Lukas in die Luft, als würde er Geister sehen.

„Da! Da!", stammelte er. „Schau, was auf uns zufliegt!"

Ich drehte mich um und blickte hoch.

Da segelte etwas auf uns zu, das aussah wie ein fliegendes Dach ohne Haus. Und oben, auf dem Dach, saßen drei Leute.

Erst als das fliegende Dach mitten auf unserem Fußballplatz landete, sah ich, dass es drei Mädchen waren, die da auf dem Dach saßen.

Auf dem Dach waren Stühle befestigt und darauf saßen die drei und schauten sich seelenruhig die Gegend an, während sie so durch die Luft segelten.

Von einem fliegenden Teppich hatte ich schon gehört, aber von einem fliegenden Dach noch nie.

Lukas und ich schauten einander an.

Stand da wirklich ein mittelgroßes Dach auf unserem Fußballfeld? Litten wir beide unter geistiger Verwirrung?

Vielleicht war der Ball doch zu hart für Kopfbälle? Hatten wir beide eine schwere Gehirnerschütterung? Waren wir mitten in einen Traum geraten?

Oder wurde da einfach ein Film gedreht und wir wussten nichts davon?

Ich schaute mich um. Von einer Kamera war weit und breit nichts zu sehen.

„Hallo Jungs!", rief eines der Mädchen.

Das klang echt. Es war also doch kein Traum.

„Hallo", sagte ich heiser. Ich war ein wenig eingeschüchtert.

Ich versuchte es – im Nähergehen – noch einmal.

„Hallo!" Schon besser. „Na, wo kommt ihr denn her?"

„Von da hinten", sagte das Mädchen, das uns begrüßt hatte.

Sie hatte die auffälligsten Augenbrauen, die ich je gesehen hatte.

Sie waren nach oben geschwungen, wie gezeichnet sahen sie aus,
wie Vogelschwingen.

„Ich heiße Marei", sagte das Mädchen mit den ungewöhnlichen Augenbrauen. „Und das sind meine Schwestern Gesa und Gyde."

Sie deutete auf die beiden anderen Mädchen.

Das Mädchen, das sie Gesa nannte, hatte eine Brille und einen Blick, der
durch mich hindurch zu gehen schien. Sie sah mich an, als wüsste sie alles
von mir.

Mir wurde ganz mulmig.

„Vielleicht hat sie so etwas wie den Röntgenblick", dachte ich.

Das dritte Mädchen – das musste Gyde sein – war groß und dünn und
hatte langes, blondes Haar. Sie grinste mich an und dann begann sie
plötzlich zu lachen.

Sie kicherte und gluckste und schüttelte sich vor Lachen.

Wir mussten wohl besonders dumm dreingeschaut haben, wie wir so vor
ihnen standen.

Aber bevor ich mich noch darüber ärgern konnte, dass wir so ausgelacht
werden, musste ich auch schon mitlachen. Das Lachen von Gyde war
einfach zu ansteckend.

Bald lachten wir laut mit ihr mit, Lukas und ich.

Wir hatten Tränen in den Augen und Bauchschmerzen vom Lachen.

Als wir ausgelacht hatten, war ich schon mutiger.

„So ein fliegendes Dach habe ich noch nie gesehen", sagte ich und berührte
das Dach vorsichtig mit den Fingerspitzen.

„Federleichter Stein", sagte Gyde.

Sie sah mich mit ihren durchdringenden Augen an und sagte: „Du hast
heute zwei Tomaten und eine Gurke gegessen. Ich sehe es in deinem Bauch
rot und grün aufleuchten."

Ich schaute auf meinen Bauch – oder besser gesagt auf das T-Shirt, das meinen Bauch verdeckte. Ich sah da gar nichts aufleuchten. Dafür war ich schon ganz schön schmutzig vom Ball und von der feuchten Erde.

„Du hast recht", sagte ich. „Woher weißt du das?"

„Das sehe ich einfach", sagte Gesa.

„Gesa hat den genauen Blick", mischte sich Marei ein. „Gyde hat das ansteckende Lachen. Und ich habe die besonderen Augenbrauen.

So, jetzt wisst ihr es."

„Ja, jetzt wissen wir es", sagte ich. Dabei wussten wir so gut wie gar nichts. Ich wusste nur, dass das alles ein großes Rätsel war.

„Und wozu braucht ihr ein fliegendes Dach?", fragte Lukas, der sich endlich auch mal zu Wort meldete.

„Na, zum Fliegen natürlich", sagte Gyde. „Und wenn es regnet, dann haben wir gleich etwas zum Unterstellen. Ist doch viel praktischer als ein fliegender Teppich. Findest du nicht?"

„Das schon", sagte Lukas. „Aber – wie kommt man zu so einem fliegenden Dach? Und wo ist das Haus dazu?"

„Das Dach hat uns eine alte Frau geschenkt, die ein wenig zaubern kann", sagte Marei. „Eine Tante von uns. Das Haus ist längst zerfallen und das Fliegen macht einfach Spaß, egal, in welche Richtung man fliegt."

Die drei Schwestern sahen uns aufmerksam an.

„Sonst noch Fragen?", wollte Gesa wissen.

„Ja", sagte Lukas. „Wo sind eure Eltern? Wissen die, dass ihr mit einem Dach herumfliegt?"

Marei nickte.

„Natürlich wissen sie das. Einmal die Woche gehört ihnen das Dach. Dann müssen wir zu Hause bleiben. Oder zu Fuß gehen."

Lukas und ich blickten uns ratlos an.

Aus den drei Schwestern wurde man nicht richtig schlau.

„Und warum seid ihr gerade bei uns gelandet?", fragte Lukas tapfer.

Er ließ sich nicht abschütteln.

„Einfach so", sagte Marei. „Wir wollten mit euch plaudern. Und vielleicht wollt ihr ja eine Runde mitfliegen. Wir haben Platz genug."

„Ich bin dabei!", rief ich sofort. Und auch Lukas bauchte nicht mehr überredet zu werden.

„Wann geht's los?", fragte er.

„Wir können sofort starten", sagte Marei. „Kommt einfach aufs Dach."

Sie drückte gegen zwei Dachziegel und zwei kleine Klappstühle waren plötzlich zu sehen.

„Bitte Platz zu nehmen", sagte Marei feierlich.

Kaum saßen wir auf unseren Stühlen, strich Marei mit den beiden Fingerspitzen ihrer Zeigefinger über ihre Augenbrauen und sagte langsam: „W i r w o l l e n   j e t z t   f l i e g e n."

Mehr sagte sie nicht. Nur dieses „Wir wollen jetzt fliegen".

Kaum hatte sie es gesagt, hob sich das Dach auch schon langsam in die Luft.

Gesa blickte nach oben und sagte: „In drei Minuten und zehn Sekunden wird es regnen. Ich sehe eine Regenwolke näherkommen."

„Dann machen wir einen Drei-Minuten-Rundflug", sagte Gyde.

Und dann waren wir hoch in der Luft. Der Wind sauste uns um die Ohren. Ich hielt mich an meinem kleinen Stuhl fest und wusste gar nicht, wohin ich zuerst schauen sollte. Die Häuser der Stadt, der winzig kleine Fußballplatz unter uns, der glitzernde See, der Turm, die schönen, dunklen Wälder unter uns ...

Die Welt war wunderschön, von oben betrachtet.

Die Felder sahen aus, als hätte man sie mit einem Lineal gezogen. Wie bei einem gewaltigen, bunten Schachbrett reihte sich Feld an Feld. Nur wenige Menschen waren zu sehen, sie waren klein wie Ameisen. Die Autos sahen aus wie gefärbte Nuss-Schalen.

Kaum hatte ich mich ans Fliegen gewöhnt, da steuerte Marei das fliegende Dach auch schon wieder Richtung Erde. Sie deutete mit der Hand einfach auf eine Wiese.

Sanft landeten wir im Gras.

„Los, beeilt euch!", rief Gesa. „Gleich beginnt es zu regnen!"

Wir sprangen vom Dach.

„In die Höhe!", befahl Marei mit einem Griff zu ihren Augenbrauen und schon schwebte das Dach über unseren Köpfen in der Luft.

Als hätte der Regen nur noch darauf gewartet, begann es mit einem Schlag heftig aufs Dach herunterzuprasseln.

Wir standen sicher unter dem schwebenden Dach im Gras.

Während der Regen aufs schützende Dach fiel, erzählten Gesa, Gyde und Marei von ihren Reisen.

Lukas und ich kamen aus dem Staunen nicht heraus.

Da hatten wir tatsächlich drei ganz und gar ungewöhnliche Schwestern kennengelernt!

Einmal hatten sie einen Dieb auf frischer Tat ertappt, ein anderes Mal konnten sie eine Frau aus einem brennenden Haus retten. Einmal waren sie bei Hochwasser die letzte Rettung für einige Menschen gewesen.

„Gesa sieht, was passiert ist und was uns erwartet. Gyde hat die beste aller Waffen, ihr ansteckendes Lachen, das setzt alle außer Gefecht. Und wenn es irgendwo brenzlig wird, dann weiß ich, dass meine Augenbrauen uns rasch in die Luft bringen", sagte Marei.

Ich war beeindruckt. Den Schwestern auf dem fliegenden Dach konnte nichts passieren, um sie musste man sich keine Sorgen machen.

„Wir haben noch viel vor", sagte Gesa. „Wir wollen unsere Fähigkeiten in Zukunft als Detektivinnen nutzen."

„Gute Idee", sagte Lukas.

„Ich hätte einen ersten Auftrag für euch", murmelte ich.

Die drei Schwestern sahen mich neugierig an.

„Unser Ball ist verschwunden. Er ist mir vor lauter Aufregung aus der Hand gefallen, als wir hoch oben in der Luft waren."

„Auftrag angenommen", sagte Gesa. „Aber die Lösung ist einfach."

Sie deutete auf den nahen Teich.

„Er ist in den Ententeich da hinten gefallen. Ich habe es gesehen."

„Den krieg ich schon", sagte ich. „Da gibt es sogar ein Ruderboot! Danke für die schnelle Lösung des Falls!"

Es hatte aufgehört zu regnen.

„Kommt", sagte Marei. „Wir bringen euch zurück."

Wenige Augenblicke später standen wir wieder auf dem Fußballplatz, im Kopf noch das schöne Sausen des Windes und ein wunderbares Gefühl von Luft und Himmel.

„Danke für den Ausflug!", rief ich den drei Schwestern zu, als sie wieder
ihr Dach bestiegen.

„Flug ist das richtige Wort", sagte Marei. „Wir schauen mal wieder bei
euch vorbei."

„Lukas wird sich gleich den Knöchel verstauchen", sagte Gesa ruhig.
„Bis bald!"

Gyde winkte stumm.

Lukas wollte irgendwie besonders komisch sein.

Er machte einen gewaltigen Luftsprung und schrie laut: „Seit heute kann
ich fliegen!"

Er fuchtelte wild mit den Armen herum. Er sah aus wie ein kranker Vogel,
der das Fliegen verlernt hatte.

Plötzlich kippte er mit einem lauten „Aua!" um. Er war gestolpert und
hatte sich den Fuß verstaucht.

Die drei Schwestern auf dem fliegenden Dach waren schon hoch über uns.

Sie winkten uns zu. Und dann begann Gyde zu lachen.

Sie lachte uns aus. Aber sie lachte so herzhaft, dass wir gar nicht anders konnten, als mitzulachen.

Wir saßen im Gras, Lukas und ich, und wir lachten und lachten, bis wir nicht mehr wussten, wie wir sitzen sollten.

Wir lachten auch noch, als die drei sonderbaren Schwestern längst nicht mehr zu sehen waren.

Lukas stützte sich auf mich.

„Den Ball holen wir morgen", sagte ich. „Sollen die Enten ruhig damit spielen."

Langsam humpelten wir nach Hause, immer wieder zwischendurch von Lachkrämpfen geschüttelt.

„Du hast heute zwei Tomaten und eine Gurke gegessen", sagte Lukas zum Abschied, als wir vor der Haustür standen.

Das war zu viel. Ein neuer Lachanfall zwang uns in die Knie.

Wir setzten uns auf die Treppe vor dem Haus und lachten und lachten, bis mein Vater staunend die Tür öffnete.

Im Bus

Dako wartete auf den Autobus.

Er wollte in die Stadt fahren.

Endlich kam der Autobus. Er war leer.

Der Busfahrer öffnete die Tür und hielt den Zeigefinger vor den Mund.

„Bitte nicht sprechen", flüsterte er. „Sie brauchen gar nichts zu bezahlen. Ich bitte Sie nur um absolute Ruhe!"

„Was ist denn los?", flüsterte Dako und schob alle Münzen einzeln in seine Tasche.

Der Busfahrer deutete nach hinten, in den leeren Bus.

„Heute fährt die Stille mit mir in die Stadt", flüsterte er so leise, dass es gerade noch zu hören war.

„Verstehe", hauchte Dako und ging auf Zehenspitzen zu einem Platz in der dritten Reihe.

Der Busfahrer schloss lautlos die Tür und dann fuhr Dako mit der Stille in die Stadt.

Der gelbe Storch

Ein Märchen aus China, neu erzählt

In China lebte vor langer, langer Zeit ein armer Student.

Er war so arm, dass er sich nicht einmal eine Tasse Tee leisten konnte!

Ein freundlicher Wirt im Ort gab ihm jeden Tag eine Tasse Tee und eine Schale Reis und er ließ ihn umsonst bei sich wohnen.

So ging das eine lange Zeit.

Doch eines Tages packte der Student sein Bündel zusammen.

„Höre Wirt, ich muss nun fort. Ich danke dir und ich kann dir deine große Güte nicht vergelten. Doch ich will dir etwas dalassen, was vielleicht mehr wert ist, als ich dir schulde."

Und er zog ein Stück Kreide aus der Tasche, gelbe Kreide, und damit malte er an die Wand der Teestube einen Storch. Der sah aus wie ein richtiger Storch, nur dass er gelb war.

„Diesen Storch lasse ich hier, Wirt! Wenn am Abend deine Teestube voller Menschen ist, dann klatscht alle miteinander dreimal in die Hände – und der Storch wird tanzen. Doch hüte dich, lass ihn niemals für einen Menschen allein tanzen, dann verschwindet er für immer."

Damit wandte sich der Student um und ging davon.

Es wurde Abend.

Die Teestube war voller Menschen, da dachte der Wirt an die Worte des Studenten.

„Ich muss es einmal ausprobieren!"

Und er bat die Gäste: „Lasst uns alle zusammen dreimal in die Hände klatschen, so – klatsch, klatsch, klatsch!"

Und wirklich! Der Storch stieg von der Wand herab. Er breitete seine langen Flügel aus und tanzte durch die ganze Teestube. Er tanzte, er schwebte fast, ab und zu berührte er einen mit den Flügelspitzen, aber nur ganz zart – und die Leute waren wie verzaubert.

Als der Storch überall einmal herum war, faltete er seine Flügel
zusammen, stieg wieder an seine Wand und blieb dort.

Die Leute saßen da mit offenem Mund und konnten nicht glauben, was sie
mit eigenen Augen gesehen hatten.

Doch dann erzählten sie es ihren Freunden und Nachbarn. Die kamen
am nächsten Abend, um den Storch tanzen zu sehen. Bald sprach es sich
herum und nun war die Teestube jeden Abend voller Menschen. Von nah
und fern kamen sie, um dieses Wunder zu sehen.
Bald war der Wirt ein wohlhabender Mann.

Auch der Präfekt des Kaisers, ein reicher und mächtiger Beamter, hörte von diesem Wunder.

Eines Tages kam er mit seinen Dienern in die Teestube.

„Wirt, dein Storch soll auch für mich tanzen, nur für mich allein!"

Und er befahl seinen Dienern, die anderen Gäste aus der Teestube hinauszutreiben. Dann war er alleine mit dem Wirt. Er legte einen Beutel voll Gold auf den Tisch.

Als der Wirt das viele Gold sah, vergaß er, was der Student gesagt hatte. Er klatschte dreimal in die Hände, diesmal allein – klatsch, klatsch, klatsch!

Und wirklich, der Storch stieg von der Wand herab. Doch seine Flügel breitete er nur ganz wenig aus, drehte sich einmal um sich selbst – müde und krank sah er jetzt aus – und stieg wieder an die Wand und blieb dort. Der Präfekt tobte und schrie: „Das war alles! Das ist Betrug, ich will mehr für mein Geld. Lass deinen Storch noch einmal tanzen, aber richtig!"

Der Wirt klatschte in die Hände, er klatschte noch einmal und noch einmal, doch der Storch blieb, wo er war.

Es war schon spät in der Nacht, da klopfte es an der Tür der Teestube. Der Wirt öffnete. Draußen stand der Student Mi. Er sprach kein Wort, zog nur eine kleine Flöte aus der Tasche und spielte eine zarte, traurige Melodie. Er ging zur Wand, drehte sich um, der Storch stieg herab und beide liefen aus der Teestube hinaus in die dunkle Nacht, durch dunkle Gassen und Straßen, zum Stadttor hinaus – und niemand hat sie je wieder gesehen.

Ja, die alten Leute haben uns diese Geschichte erzählt und sie wissen: Wenn es ein Wunder gibt, ist es immer für alle da. Wenn es einer für sich allein haben will, verschwindet es für immer.

Die Ameisen

In Hamburg lebten zwei Ameisen,
die wollten nach Australien reisen.
Bei Altona auf der Chaussee,
da taten ihnen die Beine weh,
und da verzichteten sie weise
dann auf den letzten Rest der Reise.
So will man oft und kann doch nicht
und leistet dann recht gern Verzicht.

Joachim Ringelnatz

Heut Nacht

Heut Nacht
kühle ich
meinen Sonnenbrand
mit Milch
von der Milchstraße.

DA BIN ICH WIEDER!

Es gibt viele schöne Orte auf der Welt.

So vieles hat man noch nicht gesehen. Gut, dass wir neugierig sind.

Die Neugier ist ein guter Reisebegleiter … Sie führt uns immer

wieder zu neuen, unbekannten Orten und Plätzen.

Aufregend ist nicht nur das Wegfahren, sondern auch

das Ankommen.

Da bin ich wieder! Auch das ist ein besonderes Gefühl. Das Vertraute

kann richtig guttun nach einer Reise, das Heimkommen ist

manchmal wie eine Umarmung. Schön, dass du wieder da bist!

Man freut sich über das Heimkommen — und plant, vielleicht schon

wieder am nächsten Tag, neue spannende Abenteuer!

Die Heimkehr des Vogels

Ich habe dich vermisst,
Zwitscherbaum,
mit deinem Rauschen und Singen,
mit deinem Raunen und Klingen.
Ich habe dich vermisst,
Zwitscherbaum,
dort, wo ich war.
Jetzt bin ich zurück,
Zwitscherbaum.
Hier wohnt mein Glück,
hier rauscht und singt es,

hier raunt und klingt es,
hier wohnt mein Glück,
Zwitscherbaum.
Das ist mir jetzt klar.
Erst beim Weggehen
kann man verstehen,
was einen in die Ferne treibt
und welche Sehnsucht bleibt.
Ich habe dich vermisst,
Zwitscherbaum.
Sing für mich!

Die Liste

Frau Lutz hat eine Liste.
Darauf steht, was sie noch alles erleben möchte.
Frau Lutz hat die Liste an ihrem 80. Geburtstag begonnen.
Seither ist viel passiert.

Was alles auf der Liste steht?

Übers Eis laufen.
Auf einem weißen Pferd reiten.
Nach Amerika fliegen.
Auf einer Bühne stehen.
Einen Wal sehen.
Durch die Wüste fahren.
Auf einen hohen Berg steigen.
In einem Zirkus auftreten.
Ein Fest mit Freunden am Meer feiern.
Der kleinen Mira von nebenan noch viele Geschichten erzählen.

Frau Lutz schaut zufrieden die Liste an.
Neben vielen Zeilen macht sie einen großen roten Punkt.
Dann schreibt sie noch ein paar Dinge auf die Liste.

Am Nachmittag kommen Mira und ihre Mutter zu Besuch.
Frau Lutz kocht Tee. Dann zeigt sie den beiden die Liste.
„Vieles davon habe ich schon getan", sagt Frau Lutz. „Besser spät, als
gar nicht."
„So eine Liste der Wünsche, das ist eine gute Idee", sagt Miras Mutter.
„Egal, wie alt man ist. Ich werde auch so eine Liste schreiben."
„Ich auch!", ruft Mira.
Frau Lutz legt Papier und Stifte auf den Tisch.

Miras Mutter denkt lange nach.

„Das ist gar nicht so einfach …", murmelt sie.

„Meine Liste wird sehr, sehr lang", sagt Mira und beginnt zu schreiben …

Mira hat viel vor.

Was würdest du auf deine Liste schreiben?

Wieder daheim

Ich halte meine Hand
an die kühle Wand.
Hier bin ich zu Hause.
Hier macht das Leben Pause.
Ich denk grad an dich.
Vermisst du mich?

Was ich dir schenken möchte

Ich schenke dir
drei Sommersprossen für deine Nase,
sieben Blumen für deine Vase,
vier Pflaster gegen den Schmerz,
eine Umarmung für dein Herz,
zwei Eltern, die nicht klagen,
hundert Freunde, die dich tragen.

Ich schenke dir
dieses große JETZT und HIER.
Das gehört nur mir und dir.

Inhalt

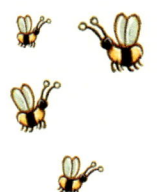

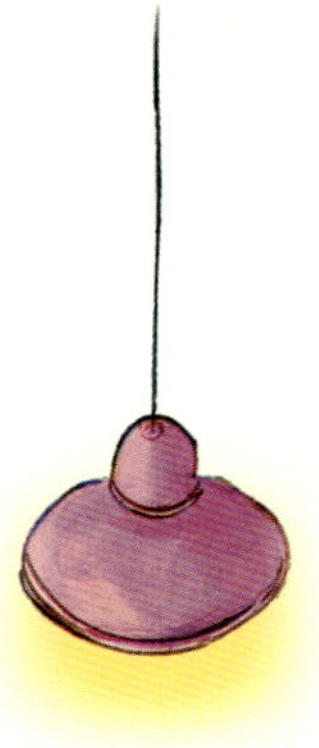

Mehr Vorlese-Glück

Heinz Janisch / Mathias Weber
Gute Nacht, schöner Tag!
Geschichten vor dem Schlafengehen
ISBN 978-3-8303-1260-4

Heinz Janisch / Mathias Weber
Jeder kann ein Löwe sein!
Geschichten, die Mut machen
ISBN 978-3-8303-1272-7

Das große Fabelbuch
Illustriert von Gerhard Glück
ISBN 978-3-8303-1266-6

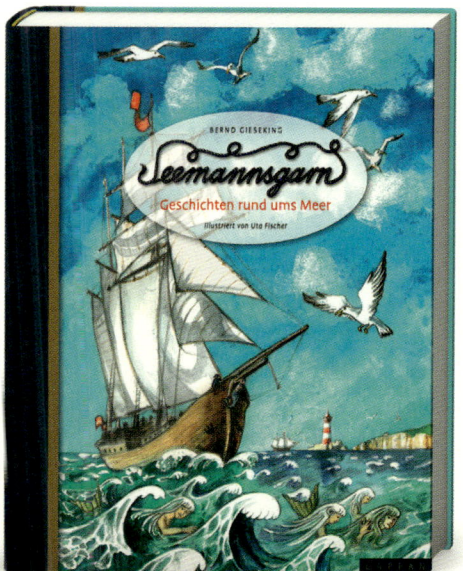

Bernd Gieseking / Uta Fischer
Seemannsgarn
Geschichten rund ums Meer
ISBN 978-3-8303-1241-3

Triff uns auf facebook.com/Lappan Verlag
und auf instagram.com/lappanverlag
Lappan.de

Alle Texte, Gedichte oder Nacherzählungen, bei denen kein anderer Autor angegeben ist, stammen von Heinz Janisch.

1. Auflage 2018

ISBN 978-3-8303-1290-1

© 2018 Lappan Verlag in der Carlsen Verlag GmbH
Oldenburg | Hamburg

Lektorat: Constanze Steindamm

Herstellung | Gestaltung: Monika Swirski

Druck und Bindung: Balto Print
Printed in Lithuania

Triff uns auf facebook.com/Lappan Verlag
und auf instagram.com/lappanverlag
lappan.de